Erich Eßlinger, Hartmut Rupp, Uwe Schott

Gottes verborgene Gegenwart

Gottesglaube / Atheismus

Oberstufe Religion
Herausgegeben von Eckhart Marggraf und Eberhard Röhm
Materialheft 10

Calwer Verlag Stuttgart

Inhalt

1 »Also, wenn Sie mich fragen ...«
(Schüler zur Gottesfrage / B. Brecht) 3

Gott suchen

2 Auf der Suche nach dem verlorenen Gott
(D. Ritschl) 4

Gott erfahren

3 Die Bibel erzählt von Erfahrungen mit Gott 6
4 »Sympathie / Antipathie« 7
5 Die Eigentümlichkeit biblischer Rede von Gott
(Arbeiter im Weinberg) 8
6 Das Wort ward Fleisch (Joh 1, 14)
(W. Reiser) 10
7 Gott ist Liebe (1. Joh 4, 8)
(D. Bonhoeffer / P. Lapide / J. Rietberg) 12
8 Das Reich Gottes ist nahe herbeigekommen
(Mk 1, 15)
(G. Theißen / J. Zink / D. Berrigan / F. Steffensky) . . . 13
9 Wahrlich, dieser Mensch ist Gottes Sohn gewesen
(Mk 15, 39)
(H. Zahrnt / Hans Baldung Grien / Streit um Auferstehung / H. Wiersinga / The Lord of the Dance) 16
10 Ich werde sein, der ich sein werde (Exodus 3, 14)
(W. Huber / Begrüßungswort aus Brasilien) 20
11 Ich bin der Herr, dein Gott (Exodus 20, 2)
(M. Luther / J. M. Lochman / M. Chagall / R. Bohren) 22
12 Warum verbirgst du dein Angesicht? (Hiob 13, 24)
(G. von Rad / E. Fackenheim / Ilina Gur) 24
13 O Herr, wie sind deine Werke so groß und so viel
(Psalm 104, 24)
(G. Liedke / J. Zink) 26
14 Und sie wurden alle erfüllt von dem Heiligen Geist
(Apg 2, 4)
(H. D. Osenberg / Kath. Glaubensinformation /
Susanne K.) 27

Gott nach-denken

15 Die Frage nach dem Wesen Gottes 29
16 Der dreieinige Gott
(Ev. Erwachsenenkatechismus / J. Zink, R. Röhricht) . 30
17 Der persönliche Gott
(H. Zahrnt / J. Klepper / Augustinus) 31
18 Der allmächtige Gott
(R. Rohr / Heilsbronner Marienaltar / D. Bonhoeffer /
A. Bozarth-Campbell / J. U. Schwarz) 32

Gott bezweifeln

19 Voraussetzungen der neuzeitlichen Religionskritik . 35
20 Die Notwendigkeit, Gott zu denken
(J. Moltmann / Freiburger Münster / I. Kant) 36
21 Der Gott der Philosophen und der Vater Jesu Christi
(B. Pascal) 39
22 Deismus, Pantheismus, Theismus
(Voltaire / Tiefurter Journal / Chr. F. Gellert /
F. Bonneville) 40
23 Der Zusammenhang von Theismus und Atheismus
(J. Moltmann) 43

Gott bestreiten

24 Erscheinungsformen des Atheismus 44
25 Gott – ein Hirngespinst
(F. Goya / P. T. d'Holbach) 45
26 Leiden – der »Fels des Atheismus«
(G. Büchner / K. Kollwitz / D. Bonhoeffer) 46
27 Gott ist nicht faßbar
(A. Flew / E. Nolde) 48
28 Religion ist Illusion
(L. Feuerbach / K. Marx / S. Freud) 49
29 Gott ist tot. Wir sind allein
(F. Nietzsche / J. P. Sartre) 52

Gott vergessen

30 Der Praktische Atheismus 54
31 Die Abwesenheit Gottes
(W. D. Schnurre / D. Bonhoeffer) 55
32 Ist die Zeit der Religion wirklich vorbei?
(Weihnachten / G. Schiwy / Der Spiegel) 58

Gott neu entdecken

33 Nachtheistisches Reden von Gott 62
34 Die Welt als Gottes Schöpfung ehren
(J. Hübner / H. v. Ditfurth / J. Schreiter) 63
35 Gottesglaube nach Auschwitz
(F. Steffensky / F. Reisz) 66
36 Gott ist kein Objekt des Denkens
(R. Bultmann) 67
37 Gott und die Frage nach dem Sinn
(D. Sölle / F. Meisler) 68
38 Der gekreuzigte Gott
(M. Luther / Chr. Frey) 70
39 Gott – mitten in unserem Leben jenseits
(D. Bonhoeffer / S. Leibholz-Bonhoeffer / H. Zahrnt /
D. Bonhoeffer) 72

Gott vertrauen

40 Zeugnisse des Gottesglaubens
(D. Bonhoeffer / M. Buber) 75

ISBN 3-7668-0778-1

Umschlaggestaltung: Hans-Eduard Franke, Stuttgart
Umschlagbild: Arnulf Rainer, VG Bildkunst Bonn 1988
Gesamtherstellung: Offizin Chr. Scheufele, Stuttgart

Der Calwer Verlag ist Mitglied
im Verlagsring Religionsunterricht (VRU)

1 »Also, wenn Sie mich fragen ...«

Schüler zur Gottesfrage

1. »Wenn man jung ist, glaubt man meistens an Gott, weil man sich noch keine Gedanken darüber gemacht hat und es einfach akzeptiert, was einem Eltern und Lehrer erzählen. – Meiner Meinung nach ist ›Gott‹ erfunden.«
2. »Jedoch kann ich nur sagen, wenn gewisse Notstände auftreten, wie z. B. Unfälle in der Familie, wo man nicht weiß, ob einer durchkommt oder nicht – was ich am eigenen Beispiel erlebt habe, ist man froh, wenn man an jemanden glauben kann, der für Hilfe sorgen kann. An den man sich klammert, als ob er mit einem lebte.«
3. »Ich glaube nicht an Gott, denn ich habe schon viel Schreckliches erlebt: Unfälle, wobei gute Freunde gestorben sind, Katastrophen usw., das geht einfach über meinen gedanklichen Horizont, daß solche Sachen passieren, ohne daß Gott eingreift und den Leuten hilft.«
4. »Ich glaube an Gott, weil ich davon überzeugt bin, daß es eine höhere Macht gibt, und weil irgend jemand diese Erde, das ganze Weltall erschaffen haben muß. Wenn die Forscher auch sagen, die Erde hier sei durch einen Urknall entstanden – doch wo kommt der Urknall her, dieser muß ja auch irgendwo herkommen. Also kommt er von einer höheren Macht – von Gott.«
5. »Ich glaube an Gott, aber nicht an die Religion. Mich kotzt es an, wenn Frauen in die Kirche gehen, nur um ihren Pelzmantel zu zeigen, und nach der Kirche über andere Leute lästern; z. B. ›Hast du gesehen, was die und die für Kleidung angehabt hat?‹ Ich würde gern in die Kirche gehen, aber so lange das so ist, bete ich lieber zu Hause.«
6. »Ob Gott wirklich existiert, weiß ich selber nicht; aber auch ich brauche manchmal eine Vorstellung, die mir über manches hinweghilft; vielleicht ist Gott eine Traumvorstellung und vielleicht ein Wunsch? Dies ist ja wohl immer eine Frage.«
7. »Meiner Meinung nach kann man aber auch an Gott glauben, ohne in die Kirche zu gehen. Ich stelle mir unter Gott nicht die Kirche vor. Ich verbinde mit Gott auch noch Liebe und persönlichen Einsatz im persönlichen Bereich. Also, ich verstehe Gott nicht als Institution.«
8. »... wenn mir jemand sagt, daß es einen Gott gibt, der eine Person darstellt, so denke ich, daß diese Person nur Gutes für die Menschen will. Er ist ein Gott der Liebe, und von Strafen darf nicht die Rede sein.«

Die Frage, ob es einen Gott gibt

Einer fragte Herrn K., ob es einen Gott gäbe. Herr K. sagte: »Ich rate dir, nachzudenken, ob dein Verhalten je nach der Antwort auf diese Frage sich ändern würde. Würde es sich nicht ändern, dann können wir die Frage fallenlassen. Würde es sich ändern, dann kann ich dir wenigstens noch so weit behilflich sein, daß ich dir sage, du hast dich schon entschieden: Du brauchst einen Gott.«

Bertolt Brecht, Geschichten vom Herrn Keuner, GW 12, Suhrkamp Verlag, Frankfurt a. M. 1967, 380 (auch Suhrkamp Tb 16)

Gott mißt mit dem Zirkel die Welt aus, Handschrift aus Paris, 13. Jahrhundert (Österreichische Nationalbibliothek Wien)

2 Auf der Suche nach dem verlorenen Gott

Für viele Menschen ist Gott unglaubwürdig geworden. Sie haben Schwierigkeiten, an Gott zu glauben; ja, sie haben Gott verloren.
Nach Dietrich Ritschl, Prof. für ev. Theologie und Psychotherapeut, hat dies ganz entscheidend mit unseren Gottesbildern zu tun. Ritschl zeigt, daß diese zum Teil liebgewordenen Gottesbilder aus verständlichen Gründen problematisch geworden sind. Die Gründe hängen zum einen mit unserer heutigen Welterfahrung, zum anderen aber mit unserer Erfahrung mit den eigenen Eltern zusammen.
Für Ritschl ist ein solcher Verlust von Gottesbildern zwar schmerzlich, kann aber auch die Möglichkeit eröffnen, Gott in neuer Weise wiederzuentdecken.

Fragen und Thesen

Gott hätte nie in der Weise Gegenstand des Intellekts werden sollen, wie er es in unserer 2000jährigen Geschichte tatsächlich geworden ist. Ja, mehr noch: Er hätte nie in der Weise mit Ordnung, Regeln, Naturgesetzen, mit Ordentlichkeit, mit Gesundheit und Normalität naiv parallel gesetzt werden sollen, wie das tatsächlich geschehen ist.
Man hat immer dazu geneigt, sich Gott räumlich vorzustellen. Hätte man nicht besser zeitlich von ihm denken sollen? Hätten wir die Bibel richtig gelesen, so hätten wir das vielleicht lernen können – wer weiß. Denkt man räumlich von ihm, so gibt es drei Gottesbilder, von denen mir das erste sehr fremd, das zweite sehr lieb und das dritte sehr erstrebenswert vorkommt.

1. Gott ist wie ein *General*, der seine Truppen sieht, obgleich sie ihn nicht oder selten sehen. Er befiehlt, sie gehorchen; bei ihm laufen alle Fäden zusammen. Er ist der große, männliche Herrscher, der Chef, der Manager, der, der den Überblick hat und für alles zeichnet. Er ist distanziert.
2. Gott ist wie eine *Mutter*, wie ein *gütiger Vater*. Er beugt sich zu seinen Kindern hinab, er lehrt Israel das Laufen wie ein Kind (Hos 11), er stellt sich auf unsere Seite, leidet mit uns, vergibt uns. Gott ist nahe wie eine Mutter, wie ein Vater.
3. Gott ist wie ein *Mutterleib*, wir sind wie das Embryo in Gott getragen, geschützt, von Gott umgeben, und wenn wir an das Ende der Welt gingen oder in die Unterwelt, so wäre Gott da (Ps 139). Wir sind in Gott, nicht er in uns.

Wenn wir Gott verloren haben, so hängt das aufs tiefste mit unserer Beziehung zu unseren Eltern zusammen, zu unserer Mutter und unserem Vater.
Wenn man überhaupt wieder lernen könnte, *zu* Gott zu reden und *von* ihm her, und – vielleicht als Ausnahme – auch einmal *über* ihn, dann kann das nur geschehen, wenn man sich in die Story hineinfallen läßt, die von Abraham über Jesus bis zu uns hin reicht. Ich kann auch sagen: *hineinschlüpfen*; in diese Geschichte, in diese Story hineinschlüpfen, ihn ganz und gar nicht außerhalb dieser Story zu suchen, nur in der Solidarität mit denen, die auch durch diese Geschichte geprägt, gefordert, beglückt, beschenkt und wohl auch beengt sind und in ihr leiden, aber eben nur in ihr Gott suchen können. Nur wenn wir die Geschichte Israels mit Jesus und mit der Geschichte der Kirche – schändlich und schön, wie sie ist – zu verknüpfen wissen, nur wenn wir diese Trinität sehen: Gott in Israel, in Jesus und im Geist bei uns, nur dann können wir ihn wieder finden. Wir haben ihn verloren, weil wir diese Trinität verloren haben.

Dazu ist zu sagen:

Wir haben Gott in die gedankliche Zange der sichtbaren Ordnungen genommen, der Natur- und der Gesellschaftsordnungen, und wir haben ihn darum auch verloren. Diesen Gott jedenfalls haben wir verloren. Ich sehe zu viel Unordnung und Elend, um mit einem Gott weiterleben zu wollen, der auf der Seite der Ordnung ist. Ich meine aber, Gott sei im ordentlichen, im alten klassisch-physikalischen Sinn, im Sinn von Ursache und Wirkung, nicht allmächtig. Im Sinn der neuen Schöpfung, seines neuen Rechts und Friedens ist er auf dem Weg zur Allmacht. Aber wir sehen sie erst in der Hoffnung.
Wenn man räumlich über Gott denkt, dann kommt meist das Generals-Modell dabei heraus, die Vorstellung von einem Feldherrn oder Generalmanager. Es laufen dann alle Fäden bei ihm zusammen. Er ist der Beobachter und Abwartende, der strenge Erzieher, der uns zwingt, alles umzuinterpretieren: Leiden in verstecktes Glück, Tod in vermeintlichen Sinn, Diffamierung und Unterdrückung in gottgeplantes und -gewolltes pädagogisches Planen – ein Satan-Gott, wirklich! Ein Gott zum Hassen. Oft sind die Gläubigen wirklich so unterwürfig gewesen, daß sie bereit

waren, alles umzuinterpretieren, das Leid, den Tod, den totalen Sinnverlust, die Liebe Gottes – alles waren sie bereit umzuinterpretieren, solange sie ihr Generalsbild von Gott aufrechterhalten konnten, die abstrakte Idee von seiner Allmacht. Gut, daß vielen von uns dieser Gott verlorengegangen ist.
Man kann im räumlichen Denken auch an Gott als Mutter, als gütigen Vater denken. Darin liegt ein großer Reichtum, auch eine echte Dankbarkeit und Demut. Es gibt herrliche Bibelstellen, die diesen gütigen, sich herabneigenden Gott preisen. Und das Neue Testament sieht in diesen Gottesbildern zu Recht die Ankündigung der Demut Gottes in seiner Solidarität mit dem geschändeten Jesus am Kreuz. Nichts, aber auch gar nichts gegen dieses räumliche Gottesbild! Nur weiß ich, daß es auch vielen nichts oder wenig sagt. Wieso? Weil sie keine gnädigen Mütter und keine gütigen Väter erlebt haben.
Und dann das dritte Modell: Gott wie ein Mutterleib, der das Embryo birgt. Es ist ein wunderbares Modell. Aber eben, es gibt solche, denen das nichts sagt, aber auch gar nichts. Keine Geborgenheit in Gott, überhaupt kein Urvertrauen, nur Fremdheit, Alleingelassensein, Sinnlosigkeit...
Wie soll man aber Gott denken und fühlen, wenn das Räumliche so viele Schwierigkeiten bietet? Zeitlich, meine ich. Die Zeit ist Gottes Heimat, Gottes Raum, Gottes Dimension.
Manchmal denke ich: »Hoffen in die Vergangenheit« hinein, das ist Vergebung, d.h., daß nicht alles aus der Vergangenheit meine Zukunft kaputt macht; und »Erinnerung in die Zukunft«, das ist Hoffnung auf die Verheißung Gottes, daß er dann auch noch dasein wird. Mir ist das wichtig, weil ich überhaupt zu den Menschen gehöre, die glauben, Gott sei eher in der Erinnerung und in der Hoffnung da als jetzt im greifbaren Augenblick.
Aber vielleicht ist außer dem räumlichen Gott auch der zeitliche abhanden gekommen. Das müßte seine Gründe haben.
Beobachtungen in den letzten Jahren haben mir den Eindruck vermittelt, daß es für die Jungen, nicht nur für uns Ältere, immer schwerer wird, einen lebendigen Glauben an Gott zu haben. Gott ist immer weniger nötig geworden. Die Väter sind immer milder und schwächer und die Mütter immer geduldiger und werbender geworden. Die Jungen haben auf diese kulturell bedingte Haltung unterschiedlich reagiert. Die einen mit frustrierten Aggressionen gegen die Väter und gegen jegliche Autorität, die anderen mit Sehnsucht nach fortgesetzter Geborgenheit, eine Geborgenheit, die sie oft in der Gruppe gefunden haben, die ihnen Erwachsenwerden zeitlich hinausschieben half.
Viele können und wollen deshalb nicht allein sein, können dem Tag kein Ende setzen, wollen den nächsten Tag spät beginnen, und manche – noch mutloser – wollen erst recht allein sein, scheuen sich, Bindungen überhaupt einzugehen. Wozu sich auch binden? Wozu auch den nächsten Tag? Angst vor den Vätern gibt es kaum mehr, auch keine Angst vor Gott. Um so mehr aber Angst vor der Zukunft. Für solche Menschen ist aber ein freier und partnerschaftlicher Glaube an einen lebendigen Gott nahezu unmöglich. Sie sind ja mit dem Erlebnis der Trennung nicht fertig. Sie kleben am Geliebten, oder sie können es nicht kennen. Angst und Urvertrauen durchkreuzen sich. Selbstvertrauen will nicht gelingen. Urvertrauen ist nie entstanden. Eine große Sehnsucht tritt oft an die Stelle des Vertrauens. Manche suchen sie durch Meditation zu stillen, durch Techniken aus Indiens alter Weisheit.
Hineinschlüpfen müßten wir nachträglich in diese Geschichte Gottes mit Israel, Jesus und mit den frühen Christen, so sehr sie sich auch geirrt haben und so wenig vorbildlich sie auch gewesen sein mögen.
Hätten nur die frühen Christen dieses Jüdische nicht verachtet, verneint und damit schon so oft Gott verloren! Hätten sie doch begriffen, daß Gott am Rande der Wüste lebt und dort zu finden ist, in der Wolke und der Feuersäule, daß er in Zelten lebt und in Gleichnissen von sich reden macht; hätten sie doch mit den versprengten Juden im späten Altertum die jämmerliche Diaspora geteilt und sich nicht mit den Kaisern auf die strahlenden Throne gesetzt, um sich von dort privilegieren zu lassen und Andersdenkende zu verfolgen und zu bestrafen.
Eigentlich kann man über den jüdischen Gott nicht reden und darum letztlich vielleicht ihn auch nicht verlieren. Man kann seinen Namen eigentlich nicht nennen und doch alles in seinem Namen erhoffen und tun, sich lieben und einander vergeben, sich grüßen und segnen. Ja, man kann im Grunde nicht über ihn reden, nur von ihm her in seiner Beauftragung, und zu ihm hin im Beten. Von wenigen Ausnahmen abgesehen, hat Jesus sich auch Gott gegenüber so verhalten, von ihm her hat er geredet und zu ihm hin. Vor allem hat er – wenn er schon über ihn redete – in Gleichnissen gesprochen. Gleichnishaft und metaphorisch, wie die Sprachphilosophen sagen, das ist eigentlich das Höchste, was wir uns leisten können, wenn wir etwas über Gott sagen. Ein Gleichnis von ihm ist ja eigentlich auch Jesus selber, eine Ikone von ihm, wie es eine Stelle im Neuen Testament sagt.
In die Story von Abraham über Moses bis Jesus und bis zu mir hineinschlüpfen, drin-sein, mit-tun, sozusagen »mitten in der Trinität« sich aufhalten: Im jüdischen Gott, dicht bei seinem Gleichnis, dem Rabbi Jesus, und geleitet im guten Geist Gottes – das ist die wahre Trinitätslehre. In und mit ihr denke ich nicht so sehr über Gott, sondern bin in ihm drin, tue seine Werke, hoffentlich nicht wie ein Soldat eines Generals, lieber schon als Kind, das er das Laufen lehrt; noch lieber als ein freier, erwachsener Mensch, der als sein Mitarbeiter andere Menschen zu Partnern macht, ihre Menschenwürde achtend oder für sie streitend.

Dietrich Ritschl

3 Die Bibel erzählt von Erfahrungen mit Gott

Der Gott Abrahams und der Gott Jesu

»Wer ist das eigentlich – Gott?« So hat Kurt Tucholsky einmal in einer Mischung aus Ironie und Neugier gefragt. Was können wir darauf antworten? Ist Gott ein Begriff, ein Gegenstand philosophischen Denkens? Ist er lediglich eine Worthülse, die wir in unserer Sprache nur noch mitschleppen? Oder ist Gott eine Wirklichkeit, der wir heute noch begegnen können? Ist es aber so, dann stellen sich viele andere Fragen: Wo und wie können wir Gott begegnen? Warum läßt Gott all das Elend und das Unrecht der Welt zu? Können wir überhaupt wissen, daß es Gott gibt?
Wenn wir auf den folgenden Seiten von Gott reden, dann meinen wir – nach einem Wort Pascals – nicht den »Gott der Philosophen«, sondern den »Gott Abrahams, Isaaks und Jakobs«, also den Gott, den Jesus zärtlich »Vater« genannt hat. Wir reden von Gott nicht in einem allgemeinen religiösen Rahmen, sondern in einem spezifisch christlichen Sinn. Wir reden von Gott, wie er uns im Zeugnis der Schriften des Alten und des Neuen Testamentes begegnet. Der christliche Glaube an Gott und das christliche Bekenntnis zu Gott haben ihren Grund in den Erfahrungen Israels mit Gott und in den Erfahrungen, die Menschen mit Jesus Christus gemacht haben.
Wer die Religionskritik, aber auch heutiges Reden von Gott verstehen und beurteilen will, muß deshalb wissen, was die Bibel von Gott erzählt. Deshalb sind in diesem Heft Beispiele für biblisches Reden von Gott vorangestellt.

> Man bat einen Rabbi, dessen Großvater ein Schüler des Baalschem gewesen war, eine Geschichte zu erzählen. »Eine Geschichte«, sagte er, »soll man so erzählen, daß sie selber Hilfe sei.« Und er erzählte: »Mein Großvater war lahm. Einmal bat man ihn, eine Geschichte von seinem Lehrer zu erzählen. Da erzählte er, wie der heilige Baalschem beim Beten zu hüpfen und zu tanzen pflegte. Mein Großvater stand und erzählte, und die Erzählung riß ihn so hin, daß er hüpfend und tanzend zeigen mußte, wie der Meister es gemacht hatte. Von der Stunde an war er geheilt. So soll man Geschichten erzählen.«
>
> *Martin Buber, Die Erzählungen der Chassidim, Manesse Verlag, Zürich 1949, hier: 1984[9], 6*

Das Gespräch mit der Bibel

Die biblischen Texte sind nicht vom Himmel gefallen. Sie haben ihren bestimmten geschichtlichen Ort und ihre unverwechselbare Zeit. Weil es sich um historische Texte handelt, bedürfen sie auch einer historisch-kritischen Auslegung. Diese will die biblischen Verfasser zu Wort kommen lassen und sie vor einem zu raschen, von unseren eigenen Fragen und Interessen geleiteten Zugriff bewahren.
Aber dabei dürfen wir nicht stehenbleiben. Denn die Texte selber fordern uns zur persönlichen Auseinandersetzung und Stellungnahme heraus. In der Begegnung mit ihnen werden wir in Frage gestellt. Es kommt zu einem Austausch von Erfahrungen. Biblische Texte wollen uns »aufwecken« und für ein anderes, neues Leben aus Gott in dieser Welt gewinnen.
Voraussetzung für die Auseinandersetzung mit dem Atheismus ist also das Gespräch mit der Bibel. Die vorliegenden Texte wollen dazu eine Anregung geben oder zur Klärung verhelfen. Sie wollen aber gleichzeitig zeigen, wie dieser Glaube heute gelebt werden kann und wo Gott heute zu finden ist. Die Zitate in den Überschriften weisen auf zentrale Bibelstellen hin, die zu einem solchen Gespräch einladen.

Die Vielfalt des Redens von Gott

Es ist erstaunlich, in welcher Vielfalt die biblischen Zeugnisse von Gott reden. Aber gerade dies ist ein Hinweis auf Gottes Lebendigkeit, auf seine »unerschöpfliche Geräumigkeit« (Max Frisch).
Um dieser Fülle und Lebendigkeit einen Rahmen zu geben, spricht der christliche Glaube vom »dreieinigen Gott«: vom Schöpfer, vom Erlöser und vom Vollender, oder anders gesagt: von Gott in Israel, in Jesus und im Geist bei uns.
Das trinitarische Glaubensbekenntnis will also nicht die Vielfalt biblischen Redens von Gott aufheben oder gar ersetzen, wohl aber einen »roten Faden« liefern, auf den sich alles Reden von Gott beziehen kann.

4 »Sympathie/ Antipathie«

Paulus:
Ist jemand in Christus, so ist er eine neue Kreatur; das Alte ist vergangen, siehe, Neues ist geworden. Aber das alles von Gott, der uns mit sich selber versöhnt hat durch Christus und uns das Amt gegeben, das die Versöhnung predigt. Denn Gott war in Christus und versöhnte die Welt mit sich selber und rechnete ihnen ihre Sünden nicht zu und hat unter uns aufgerichtet das Wort von der Versöhnung. So sind wir nun Botschafter an Christi Statt, denn Gott ermahnt durch uns; so bitten wir nun an Christi Statt: Laßt euch versöhnen mit Gott! Denn er hat den, der von keiner Sünde wußte, für uns zur Sünde gemacht, damit wir in ihm die Gerechtigkeit würden, die vor Gott gilt. 2. Kor 5, 17–21

Amos:
Darum, weil ihr die Armen unterdrückt und nehmt von ihnen hohe Abgaben an Korn, so sollt ihr in den Häusern nicht wohnen, die ihr von Quadersteinen gebaut habt, und den Wein nicht trinken, den ihr in den feinen Weinbergen gepflanzt habt. Denn ich kenne eure Freveltaten, die so viel sind, und eure Sünden, die so groß sind, wie ihr die Gerechten bedrängt und Bestechungsgeld nehmt und die Armen im Tor unterdrückt. Darum muß der Kluge zu dieser Zeit schweigen; denn es ist eine böse Zeit.
Ich bin euren Feiertagen gram und verachte sie und mag eure Versammlungen nicht riechen.
Es ströme aber das Recht wie Wasser und die Gerechtigkeit wie ein nie versiegender Bach.
So spricht der Herr zum Hause Israel: Suchet mich, so werdet ihr leben.
Am 5, 11–13. 21. 24; 5, 4

Jesaja:
Von Zion wird Weisung ausgehen und des Herrn Wort von Jerusalem. Und er wird richten unter den Heiden und zurechtweisen viele Völker. Da werden sie ihre Schwerter zu Pflugscharen und ihre Spieße zu Sicheln machen. Denn es wird kein Volk wider das andere das Schwert erheben, und sie werden hinfort nicht mehr lernen, Krieg zu führen. Jes 2, 3. 4

Samuel:
Samuel sprach zu Saul: Der Herr hat mich gesandt, daß ich dich zum König salben sollte über sein Volk Israel; so höre nun auf die Worte des Herrn! So spricht der Herr Zebaoth: Ich habe bedacht, was Amalek Israel angetan und wie es ihm den Weg verlegt hat, als Israel aus Ägypten zog. So zieh nun hin und schlag Amalek und vollstrecke den Bann an ihm und an allem, was es hat; verschone sie nicht, sondern töte Mann und Frau, Kinder und Säuglinge, Rinder und Schafe, Kamele und Esel. 1. Sam 15, 1–3

Psalm:
Der Herr ist mein Hirte, mir wird nichts mangeln. Er weidet mich auf einer grünen Aue und führet mich zum frischen Wasser. Er erquicket meine Seele. Er führet mich auf rechter Straße um seines Namens willen. Und ob ich schon wanderte im finstern Tal, fürchte ich kein Unglück; denn du bist bei mir, dein Stecken und Stab trösten mich. Ps 23, 1–4

Micha:
Es ist dir gesagt, Mensch, was gut ist und was der Herr von dir fordert, nämlich Gottes Wort halten und Liebe üben und demütig sein vor deinem Gott. Mi 6, 8

Paulus:
Welche der Geist Gottes treibt, die sind Gottes Kinder. Denn ihr habt nicht einen knechtischen Geist empfangen, daß ihr euch abermals fürchten müßtet; sondern ihr habt einen kindlichen Geist empfangen, durch den wir rufen: Abba, lieber Vater! Der Geist selbst gibt Zeugnis unserm Geist, daß wir Gottes Kinder sind. Sind wir aber Kinder, so sind wir auch Erben, nämlich Gottes Erben und Miterben Christi, wenn wir denn mit ihm leiden, damit wir auch mit zur Herrlichkeit erhoben werden. Röm 8, 14–17

Matthäus:
Jesus aber sprach zu seinen Jüngern: Wahrlich, ich sage euch: Ein Reicher wird schwer ins Himmelreich kommen. Und weiter sage ich euch: Es ist leichter, daß ein Kamel durch ein Nadelöhr gehe, als daß ein Reicher ins Reich Gottes komme.
Mt 19, 23. 24

Psalm:
Die Himmel erzählen die Ehre Gottes, und die Feste verkündigt seiner Hände Werk. Ein Tag sagt's dem andern, und eine Nacht tut's kund der andern, ohne Sprache und ohne Worte; unhörbar ist ihre Stimme. Ihr Schall geht aus in alle Lande und ihr Reden bis an die Enden der Welt.
Er hat der Sonne ein Zelt am Himmel gemacht; sie geht heraus wie ein Bräutigam aus seiner Kammer und freut sich wie ein Held, zu laufen ihre Bahn. Sie geht auf an einem Ende des Himmels und läuft um bis wieder an sein Ende, und nichts bleibt vor ihrer Glut verborgen. Ps 19, 2–7

Hiob:
Gott hat mich übergeben dem Ungerechten und hat mich in die Hände der Gottlosen kommen lassen. Ich war in Frieden, aber er hat mich zunichte gemacht; er hat mich beim Genick genommen und zerschmettert. Er hat mich als seine Zielscheibe aufgerichtet; seine Pfeile schwirren um mich her. Er hat meine Nieren durchbohrt und nicht verschont; er hat meine Galle auf die Erde geschüttet. Er schlägt in mich eine Bresche nach der andern; er läuft gegen mich an wie ein Kriegsmann. Ich habe einen Sack um meinen Leib gelegt und mein Haupt in den Staub gebeugt. Mein Antlitz ist gerötet vom Weinen, auf meinen Wimpern liegt Dunkelheit, obwohl kein Frevel in meiner Hand und mein Gebet rein ist.
Hiob 16, 11–17

Matthäus:
Ein anderes Gleichnis legte er ihnen vor und sprach: Das Himmelreich gleicht einem Senfkorn, das ein Mensch nahm und auf seinen Acker säte; das ist das kleinste unter allen Samenkörnern; wenn es aber gewachsen ist, so ist es größer als alle Kräuter und wird ein Baum, so daß die Vögel unter dem Himmel kommen und wohnen in seinen Zweigen.
Mt 13, 31. 32

Johannes:
Ihr Lieben, laßt uns einander lieb haben; denn die Liebe ist von Gott, und wer liebt, der ist von Gott geboren und kennt Gott. Wer nicht liebt, der kennt Gott nicht; denn Gott ist die Liebe. Darin ist erschienen die Liebe Gottes unter uns, daß Gott seinen eingebornen Sohn gesandt hat in die Welt, damit wir durch ihn leben sollen. Darin besteht die Liebe: nicht, daß wir Gott geliebt haben, sondern daß er uns geliebt hat und gesandt seinen Sohn zur Versöhnung für unsre Sünden.
1. Joh 4, 7–10

Jesus:
Wenn ihr betet, so sprecht:
Vater!
Dein Name werde geheiligt.
Dein Reich komme.
Unser tägliches Brot gib uns Tag für Tag
und vergib uns unsre Sünden;
denn auch wir vergeben allen, die an uns schuldig werden.
Und führe uns nicht in Versuchung.
Lk 11, 2–4

5 Die Eigentümlichkeit biblischer Rede von Gott

Wenn die biblischen Zeugen von Gott reden, dann tun sie dies nicht in der Form von Sachurteilen oder Behauptungen. Sie wollen auch nicht einfach Tatsachen zur Kenntnis bringen. Sie wollen vor allem ein Geschehen in Bewegung setzen, das die Menschen aus alten, gewohnten Lebensformen befreit und sie auf einen neuen Weg bringt, der geprägt ist von der Erwartung einer neuen, anderen Welt.
Biblische Aussagen wie »Euch ist heute der Heiland geboren« (Lk 2,11), »Ihr seid das Salz der Erde« (Mt 5,13) oder »Gott wird abwischen alle Tränen, und der Tod wird nicht mehr sein« (Offb 21,4) sind Verheißungen. Sie sind keine Aussagen über Sachverhalte, sondern ein Zuspruch, der Menschen trösten, gleichzeitig aber in Anspruch nehmen will. Verheißungen sagen: Es ist mehr möglich, als jetzt möglich erscheint. Biblische Aussagen sind deshalb »schöpferisch«. Sie wollen eine neue Wirklichkeit stiften.
Die Eigentümlichkeit biblischer Rede von Gott tritt in besonderer Weise in den Gleichnissen Jesu hervor. Sie sind geradezu typisch für sein Reden von Gott: »Ohne Gleichnisse sprach er nicht mit ihnen« (Mt 13,34). – Am Gleichnis von den Arbeitern im Weinberg (Mt 20,1–15) sollen wesentliche Merkmale biblischer Rede von Gott herausgestellt werden:

1. Das Gleichnis beginnt mit den Worten »Das Himmelreich ist gleich...« (Mt 20,1). Die Rede ist dann von einem Großgrundbesitzer, der im Abstand von einigen Stunden Tagelöhner für die Arbeit in seinem Weinberg anwirbt. So wird diese Welt transparent für Gott; es gibt in ihr immer wieder Ereignisse, die auf Gott hinweisen. Von Gott kann demnach nur indirekt und weltlich gesprochen werden.
2. Das Gleichnis geht ganz konkret auf die Lebenssituation der Menschen ein. Es spricht von ihrem Alltag, von ihren Freuden und von ihren Sorgen. Es spricht die sozialen Gegensätze an, in denen sie leben. Es geht auf die Konkurrenz, aber auch auf den Neid ein, in denen die Menschen sich begegnen. Mit den Worten »Herr« und »Knecht« nimmt es Erfahrungen auf, die tief im Unbewußten verankert sind und mit der Erfahrung von Macht und Ohnmacht zu tun haben.
Durch die Lohnauszahlung (Mt 20,8) erinnert das Gleichnis an das endzeitliche Gericht Gottes. Mit dem Weinberg weckt es Assoziationen an ein alttestamentliches Lied (Jes 5) und verweist die Zuhörer an ihre Aufgaben im Volk Gottes. Vor allem aber greift das Gleichnis das tief verwurzelte Verständnis von Gerechtigkeit auf, nach dem die Menschen ihr persönliches und soziales Zusammenleben gestalten und das sie ganz selbstverständlich auf Gott übertragen. Das Gleichnis fordert die Zuhörer heraus, sich mit den Grundeinstellungen ihres Lebens auseinanderzusetzen, die sich in ihrem Gottesbild verdichtet haben.
3. Das in dem Gleichnis erzählte Geschehen stimmt weder mit der vertrauten Welt noch mit dem überkommenen Verständnis von Gott einfach überein. Der Großgrundbesitzer verhält sich zunächst einmal wie alle anderen Großgrundbesitzer. Doch auf einmal verfährt er anders und gibt allen den gleichen Lohn. Das Gleichnis nimmt einen überraschenden Verlauf. Es läßt auf einmal Vertrautes in einem neuen Licht erscheinen und berichtet von einem ungewöhnlichen Ereignis. Es stellt aber damit eine bislang unbekannte, überraschende Beziehung zwischen Gott und der Welt her. Es erschließt neue Möglichkeiten, indem es gewohnte und selbstverständlich gewordene Ansichten und Lebensregeln, wie sie in dem überkommenen Verständnis von »Gerechtigkeit« stecken, aufbricht und verändert. Gerade deshalb stimmt dieses Gleichnis nicht mit der Realität überein. Es ist dieser »voraus«. Es wirbt für ein neues Denken und ein neues Handeln: für die Solidarität von Menschen, die gemeinsam an den barmherzigen Gott glauben.
4. Das Gleichnis von den Arbeitern im Weinberg will etwas mit seinen Zuhörern tun. Es will mit ihnen einen Weg gehen, auf dem sie sich ändern und erneuern können. Es will dabei jedoch nicht überrumpeln. Dem, der am Leistungslohn festhalten will, entgegnet der Weinbergbesitzer: »Schaust du so böse, weil ich so gütig bin?« (Mt 20,15). Hier gibt das Gleichnis Raum zum eigenen Nachdenken. Es räumt dem Angesprochenen die Freiheit ein, eine eigene Sicht zu gewinnen.
5. Die Menschen, die sich für den Leistungslohn einsetzen, haben im Gleichnis zunächst einmal Gelegenheit, sich selbst in den Knechten zu entdecken. Dies ist für das Reden von Gott wichtig. Das Gleichnis gibt so seinen Zuhörern Zeit und Raum, sich selbst zu definieren und den eigenen Ärger auszusprechen (Mt 20,11). Durch das Verhalten und die Entgegnung des Weinbergbesitzers bekommen die Zuhörer aber schließlich Gelegenheit, sich selbst neu zu verstehen und ein neues Gottesbild, verbunden mit einem neuen Selbst- und Weltverständnis, zu entwickeln,

Echternacher Schule: Gleichnis von den Arbeitern im Weinberg, aus dem Codex Aureus Epternacensis, um 1030 (Germanisches Nationalmuseum Nürnberg)

das Gerechtigkeit und Güte nicht voneinander trennt, sondern zusammenhält. Das Gleichnis zielt auf eine Veränderung, der die Zuhörer innerlich zustimmen können.

6. Das Gleichnis von den Arbeitern im Weinberg ist Teil der Reich-Gottes-Botschaft Jesu. Daran erinnert der Auftakt: »Das Himmelreich ist wie...« Es lebt von der Hoffnung und der Aussicht, daß »Blinde sehen, Lahme gehen, Aussätzige wieder rein werden, Tote wieder auferweckt werden und den Armen das Heil verkündigt wird« (Mt 11,5). Es will die Augen für die verborgenen Hinweise auf das schon jetzt gegenwärtige Handeln Gottes öffnen. Dabei wird die Realität nicht übergangen; im Gegenteil: sie wird aufgenommen und als Hinweis auf das Reich Gottes in Anspruch genommen.

Erst von der Aussicht auf eine neue Welt, in der Gerechtigkeit und Barmherzigkeit herrschen, wird das Handeln des Weinbergbesitzers zum Gleichnis für Gott und seine Herrschaft. Indem aber das Gleichnis in dieser Realität Hinweise auf das Reich Gottes aufdeckt, bestätigt es, daß »das Reich Gottes schon nahe herbeigekommen ist«, ja, schon unter uns und deshalb sehr wohl möglich ist.

So will dieses Gleichnis helfen, die Welt und ihren Alltag von der Verheißung Gottes her neu zu erfahren. Es will Mut machen, sich auf die Verheißung von Gottes neuer Welt einzulassen und ein neues Leben zu beginnen.

6 Das Wort ward Fleisch (Joh 1,14)

Uns ist ein Kind gegeben

Der Himmel war ratlos. Kein Himmlischer wußte mehr, wie man den Menschen beikommen könnte. Die Irdischen waren für die Geheimnisse des Himmels taub und blind geworden. Lange Zeit hatte es keine Offenbarung mehr gegeben. Kein Bote war mehr zur Erde geschickt worden, um vereinzelten Auserwählten etwas vom Geschmack des Himmels mitzuteilen. Auch die Träume waren erloschen.
...
Dieser öde Zustand durfte nicht weiter um sich greifen ... Es tat den Irdischen nicht gut, sich immer nur mit sich selbst zu beschäftigen. Aber auch die Himmlischen litten darunter, immer nur unter sich zu sein. Sie drängten danach, ihre Welt aufzubrechen und den himmellos Gewordenen das Gesicht zu weiten.
Doch keiner wagte es, von sich aus etwas zu unternehmen. Ihr oberster Gefährte war zu Gott gerufen worden und hatte sie ratlos zurückgelassen. Ohne seinen Auftrag wollten sie nichts erzwingen. So blieb ihnen nichts übrig, als in der Zwischenzeit die traurigen Herzen zu leeren und über mögliche Wege miteinander zu verhandeln.
Eine Gruppe wies darauf hin, daß früher die Erschütterungen der Erde und große Naturkatastrophen die Irdischen am ehesten nachdenklich gestimmt hätten. Doch dagegen wurde einhellig Einspruch erhoben: »Strafaktionen können doch nicht himmlische Mittel sein. Wahrscheinlich haben gerade solche Mittel dem Ansehen am meisten geschadet und den Himmel unglaubwürdig gemacht. Auch ist nach der großen Sintflut kein einziger besser geworden. Im Gegenteil, der Untergang hat den Übriggebliebenen ein derartig schlammiges Gefühl hinterlassen, daß sie bis ins Innerste verkrustet worden sind. Jeder, der gegen den Himmel mißtrauisch ist, beruft sich auf solche Katastrophen.«
Da wäre es doch sinnvoller, meinte eine andere Gruppe, in voller Ausrüstung den Irdischen gegenüberzutreten und sie mit Glanz und Gloria zu überwältigen, daß keiner mehr die Augen verschließen könne. Dem Aufmarsch der himmlischen Heerscharen werde niemand widerstehen. Aber die Jüngeren waren solcher Machtdemonstration völlig abgeneigt. »Wir werden wohl im Moment Eindruck machen«, gaben sie zu bedenken, »aber wir können ja nicht dauernd vor ihnen stehen bleiben. Wenn sie uns nicht mehr sehen, bleiben ihnen nur unsere Heere in Erinnerung. Und sie werden nicht zögern, unseren Auftritt nachzuahmen und selber Heere aufzustellen. Ja, sie werden uns mißbrauchen, um ihre mörderischen Heere himmlisch zu verbrämen. Und ihre Lanzen und Schwerter werden nicht mehr aus Licht sein, sondern aus Stahl und Feuer.«
Bisher hatte sich eine weitere Gruppe zurückgehalten. Doch ihren Mienen war abzulesen, daß sie mit keinem Vorschlag einverstanden waren. ...
»Wir haben uns unter den Irdischen umgesehen und sind auf andere Dinge gestoßen. Wir haben wie ihr lange Zeit darunter gelitten, daß man von uns nicht mehr viel weiß oder wissen will. Wir haben die Ursache dafür nicht nur bei ihnen gesucht, sondern auch bei uns und unsern gebräuchlichen Wegen. Wir haben seit Wochen den irdischen Markt erforscht. Man muß wissen, wie sie denken, was sie erwarten und welche Bedürfnisse sie haben. Danach müssen wir unsere Absicht richten. Sonst bleibt es ein Angebot ohne Nachfrage... Seit die Irdischen ohne Aufblick zu uns leben, wenden sie den Blick nur noch zur Erde. Sie arbeiten immer gegen den eigenen Schatten. Das gibt auch ihrer Arbeit etwas Dunkles und Endloses. Sie können sich nicht mehr recht freuen und sehnen sich doch danach. Wir wollen ihnen ein Fest bereiten und ihnen so auf Jahre hinaus Erinnerungen der Freude und der Freiheit schenken.«
Kaum hatten sie gesprochen, erhob sich lebhaftes Stimmengewirr. Weil es aber Himmlische waren, tönte es dennoch himmlisch schön: Ein Fest mit allen Geschöpfen Gottes, das wäre die Versöhnung! – Sie werden einen Augenblick an uns denken und uns bald zur bloßen Dekoration erniedrigen! – Sie unterbrechen nur die Arbeit, aber nicht ihre Grundhaltung! – Wir hinterlassen ihnen bessere und tiefere Bedürfnisse, als sie bisher hatten! Und so wogte es hin und her.
Plötzlich wurde es still. Gabriel war zu ihnen getreten, er war bei Ihm gewesen, und sagte: »Ein Kind.« Und als ihn alle sprachlos anschauten, wiederholte er: »Ein Kind. Er gibt ihnen ein Kind. Das ist Seine Antwort auf die Entfremdung der Menschen.«
Ein Kind? Ein Kind! riefen nun alle miteinander, und es klang wie Glocken hell und dunkel, leicht und dumpf, staunend und erschrocken, bewundernd und abwehrend: ein Kind – wie göttlich; ein Kind – wie gewöhnlich; ein Kind – wie einfach; ein Kind – wie unverständlich!...

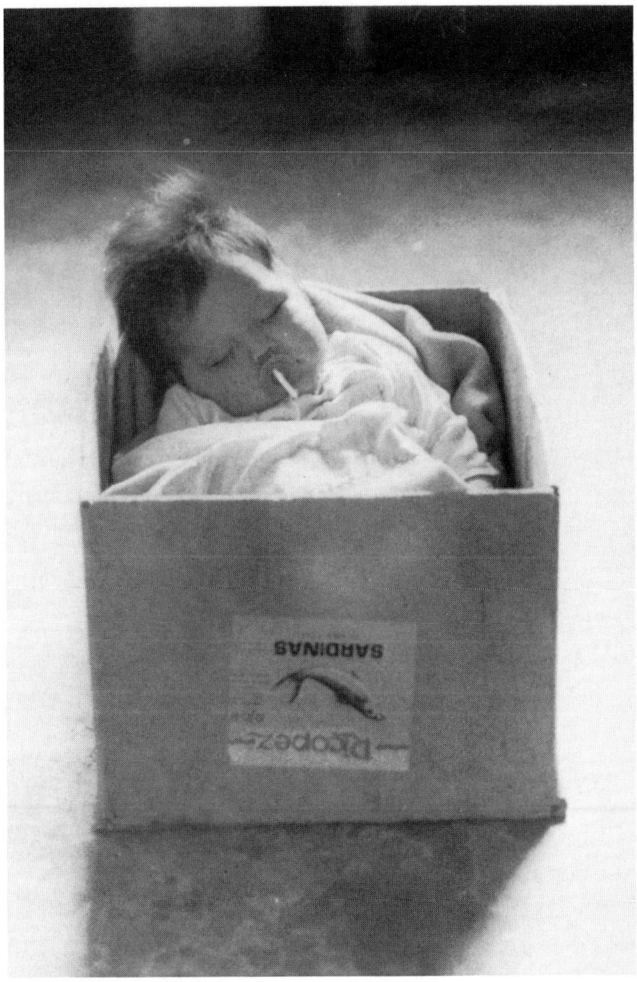

Foto: H. Hampel, Bielefeld

Gabriel ließ mit Ruhe die Einwände an sich herankommen. Hatte er es doch selber kaum fassen können, als ihm Gott den Plan mitgeteilt hatte. ...
Als erstes brach es aus jenen heraus, die die Irdischen erforscht hatten: »Aber sie wollen das Kind doch nicht! Sie wollen überhaupt keine Kinder mehr. Kinder sind unerwünscht. Und dann, wenn Kinder trotzdem kommen, haben sie keinen Platz für sie.
Überall sind sie eine Last und müssen es spüren und hören. Sie alle, die, die keine Kinder wollen, haben den Segen in Fluch verwandelt. Darum wird auch für dieses Kind kein Platz sein. Es ist unerwünscht.«
Gabriel antwortete ruhig: »Eben gerade darum soll es ein Kind sein, ein unerwünschtes neben unerwünschten. Es wird ihm gehen wie vielen andern. Der Mann seiner Mutter wird sie verlassen wollen. Der Machthaber der Zeit wird ihm nach dem Leben trachten, kaum ist es geboren. Später wird man nach ihm greifen wollen, weil er als Erwachsener anders denkt und lebt als die anderen. Immer wird er unerwünscht sein – so, wie Gott selber in der Welt unerwünscht ist. Dieses Kind teilt sein Schicksal mit Gott und mit allen ungeliebten Kindern und Menschen. Das wird die Gemeinschaft aller Unerwünschten sein.«

Einer jener Gruppe, die die Irdischen mit Schrecken erschüttern wollten, fragte: »Warum soll es wieder einer von ihrer Sorte sein? Gibt es davon nicht schon genug?«
Gabriel ... sprach: »... Vergiß es nicht, daß die Menschen nur ein wenig geringer sind als wir selbst, auch sie hat Gott mit Hoheit und Ehre gekrönt.« – »Gut, ja«, antwortete jener, »warum soll es wieder einer von ihrer Art sein? Von ihresgleichen nehmen sie nichts an. Sie kennen und durchschauen einander genug. Ihr Wesen pflanzt sich fort und verändert sich nicht. Warum gibt Er ihnen nicht gleich eine höhere Stufe? Zwischen ihnen und uns ist doch noch genügend Raum für einen höheren Menschen, für einen, der sich schon weiterentwickelt und den bisherigen irdischen Menschen abgestreift und überwunden hat. Warum fängt Gott wieder mit den Menschen dieser Art an?«
Gabriel antwortete: »Alles Menschliche, das mehr ist als ein Mensch, wird ein Übermensch und unmenschlich. Sie haben an Übermenschen genug zu leiden. Für Gott sind sie recht als Menschen. Es genügt, wenn sie rechte Menschen sein können. Sie haben noch viel Raum, um sich als Menschen zu entwickeln, die Schöpfung Gottes ist noch nicht zu Ende. So lange Er sie haben will, sind sie im Werden. Es ist wieder ein neuer Schöpfungstag, wenn Er dieses Kind schafft.
Du brauchst keine Angst zu haben. Das Kind wird von ihrer Art sein, aber nicht von ihrer Unart. Es wird ihnen zeigen, wie menschenfreundlich Gott ist, und wie gottesfreundlich der Mensch sein kann.«
Gabriel schaute ihn an und sprach: »Ich habe Ihn gesehen. Seine Augen leuchteten vor Freude und die ganze Menschheit spiegelte sich darin, als Er ans Werk ging...« Zuletzt erkundigte sich einer bescheiden: »In welchem Volk soll das Kind geboren werden? Und ist es auch sicher, daß man es dort annimmt?«
Ihm antwortete Gabriel: »Es wird in einem Volk geboren werden, das kein Volk ist und keine Grenzen hat. Was dort geschieht, gehört von Anfang an der ganzen Welt. Es kommt in diesem Volk zur – Welt. Und ob sie es annehmen? – Es ist eine Gabe Gottes und nicht ein Zwang. Du weißt, daß Gott mit seinen Gaben die Welt nicht erpreßt und nicht kauft. Er gibt aus reiner Freude. Er gibt aus Liebe. Es ist Sein Angebot an alle.«

Werner Reiser, Die drei Gaben. Legenden unserer Zeit, Friedrich Reinhardt Verlag AG, Basel 1984[4], 23 ff. (in Auszügen)

7 Gott ist Liebe (1. Joh 4, 8)

Dietrich Bonhoeffer, zwei Thesen:

»Gott ist Liebe« – dieser Satz ist zunächst um der Klarheit willen mit der Betonung des Wortes *Gott* zu lesen, während wir uns daran gewöhnt haben, das Wort Liebe zu betonen. *Gott* ist Liebe, d. h. nicht ein menschliches Verhalten, eine Gesinnung, eine Tat, sondern Gott selbst ist Liebe. Was Liebe ist, weiß nur, wer Gott kennt, nicht aber umgekehrt weiß man erst und zwar von Natur, was Liebe ist und daher denn auch, was Gott ist...

Das ganz und gar Einmalige der Hingabe des Lebens Jesu Christi für uns wird Liebe genannt. Es wäre aber alles mißverstanden, wenn nun aus dem Blick auf Jesus Christus und sein Tun und Leiden eine allgemeine Definition der Liebe erhoben werden sollte. Nicht was er tut und leidet, sondern was *er* tut und leidet, ist Liebe.

Dietrich Bonhoeffer, Ethik, Chr. Kaiser Verlag, München 1966, 55f.

»Du sollst den Herrn, deinen Gott, lieben von ganzem Herzen, von ganzer Seele und von ganzem Gemüte. Du sollst deinen Nächsten lieben wie dich selbst!« (Mt 22, 37. 39)
Die Chassidische Deutung besagt: »Liebe deinen Nächsten wie dich selbst; Ich bin der Herr.« Der tiefere Sinn besagt, daß, wo immer zwei auf Erden sich selbstlos lieben, da ist Gott der Dritte in ihrem Bunde. Martin Buber erzählte, daß einst nach einem Vortrag über die Nächstenliebe eine Dame ihn ansprach, um zu fragen: Ich liebe mich selbst überhaupt nicht, Herr Buber, wie kann ich dann den Nächsten lieben? Buber und Rosenzweig, die damals gerade die Heilige Schrift verdeutschten, nahmen diese Frage ernst, hinterfragten ihren Text, um auf die Möglichkeit einer anderen Übertragung zu stoßen, die dem Urlaut und dem Ursinn ebenso gerecht wird.
Schließlich schrieben sie: »Liebe deinen Nächsten, er ist wie du!« Hiermit wird ausgesagt, daß dein Mitmensch, was immer auch der Augenschein sein mag, genauso schwach, gebrechlich, hinfällig und den Ängsten ausgesetzt ist wie du selbst. Dieses Sein-wie-du entwaffnet also jedwede Angst, die du vor deinem Nächsten haben könntest. Wenn der Angst der Boden entzogen wird, wird auch der Haß, der fast immer einer unterschwelligen Angst entspringt, gegenstandslos und hinfällig. Und sobald Angst und Haß verschwinden, öffnen sich die Tore des Herzens für die unbehinderte, freie Nächstenliebe.«

Pinchas Lapide, Er predigte in ihren Synagogen. Jüdische Evangelienauslegung, GTB Siebenstern 1400, Gütersloher Verlagshaus Gerd Mohn, Gütersloh 1987[5], 87f.

Wenn ein Junge sich zum ersten Mal in ein Mädchen verliebt, dann lebt darin etwas von Gott, dem Ursprung aller menschlichen Liebe. Wenn es zwei Menschen in einer Ehe geschenkt ist, in Liebe gemeinsam alt werden zu dürfen, dann lebt darin etwas von Gott, dem Erhalter und Bewahrer unserer Liebe. Gott lebt darin, die Kraft aller Liebe, wenn einer einen anderen Menschen, der krank und behindert ist, mit all seiner Kraft und Zeit und auch seinem Geld pflegt und für ihn da ist. Und es lebt Gott auch darin, wenn einer aus Liebe seine Kraft einsetzt für eine Veränderung der Verhältnisse und Umstände, in denen Menschen leben müssen, für mehr Gerechtigkeit in den politischen und wirtschaftlichen Strukturen.
Die Liebe Gottes unter uns Menschen hat viele Gesichter, sie kennt viele Formen und Gestalten, in denen sie sich verkörpern will, Quelle und Ursprung aller Liebe aber ist Gott.

Johannes Rietberg, aus: Aufbruch, Ev. Kirchenzeitung für Baden, 41/1987/3

8 Das Reich Gottes ist nahe herbeigekommen (Mk 1,15)

Die verrückten Ideen des Jesus von Nazareth

Andreas, ein junger Jude aus Galiläa, lebt zur Zeit Jesu. Als er zufällig in eine Demonstration gegen Pilatus gerät, kann er sich nur retten, indem er sich bereit erklärt, an ihn Informationen über bestimmte religiöse Bewegungen zu liefern. Er soll feststellen, ob diese zu den Rebellen gehören, die den politischen Umsturz herbeiführen wollen.
Der Auftrag gilt zunächst den Essenern, einer Sekte am Toten Meer, zu denen auch Johannes der Täufer gehört. Schließlich soll er herausfinden, »ob dieser Jesus ein Sicherheitsrisiko für den Staat ist und ob er Verbindung zu den Widerstandskämpfern hat«.
So gerät er in den »Schatten des Galiläers«, der ihn nicht mehr loslassen wird und ihn schließlich zu einem Anhänger dieses Jesus macht, dem er jedoch nie persönlich begegnet. Bei seinen Nachforschungen fällt er in die Hände der Zeloten, einer religiösen Widerstandsgruppe. Dort trifft er Barabbas, seinen Jugendfreund. Es kommt zu folgendem Gespräch:

Wieder schwiegen wir eine Weile. Dann sagte Barabbas: »Vor kurzem ist jemand von uns abgehauen. Er redete wie du. Ich war mit ihm befreundet.«
»Was macht er jetzt?«
»Er zieht hinter einem merkwürdigen Propheten her, den er einmal kennengelernt hat, als er für uns im galiläischen See Fische gefangen hat.«
»Sag mal, heißt dieser Prophet Jesus?«
»Du kennst ihn?«
»Ich habe ihn nie gesehen. Aber ich habe von ihm gehört! Ich dachte, er sei selbst ein Zelot. Was er über die Reichen sagt, klingt fast, als hättest du es formuliert.«
»Andreas, du irrst. Dieser Jesus ist ein Spinner! Ich habe noch nie jemanden getroffen, der so verrückte Ideen hatte.«
»Aber sagt er nicht genauso wie ihr, daß eine große Wende kommt? Daß Gott das Unrecht nicht länger mit ansehen wird? Daß seine Herrschaft endlich kommt?«
»Aber da ist ein großer Unterschied: Auch wir wollen, daß Gott alleine herrscht und nicht die Römer, die unser Land unterdrücken. Aber wir sind überzeugt, daß Gott nur denen hilft, die ihr Schicksal selbst in die Hand nehmen. Er hilft nur denen, die zum Aufstand und zur Gewalt gegen die Feinde bereit sind. Weißt du aber, was dieser Jesus sagt? Simon hat mir eines seiner Gleichnisse erzählt:

Die Gottesherrschaft ist wie ein Mensch, der Samen auf die Erde streut, und er schläft und steht auf, nachts und tags, und der Same wächst und wird groß, er selbst weiß nicht wie. Von selbst trägt die Erde Frucht, zuerst den Halm, dann die Ähre, dann den vollen Weizen in der Ähre. Wenn aber die Frucht es zuläßt, sendet er die Sichel, denn die Ernte ist da!

So harmlos stellt er sich das vor: Von selbst komme die Gottesherrschaft. So sanft und leise wie die Pflanzen aus dem Boden. Ja, manchmal spricht er in rätselhaften Worten von ihr, als sei sie schon da, obwohl doch jedermann sieht, daß die Römer noch über unser Land herrschen! Jeder sieht, daß sie nicht da ist. Er ist ein Spinner. Und Simon auch!«
»Wer?«
»Simon ist mein Freund, der uns verlassen hat. Unter den Anhängern Jesu wird er ›Simon der Zelot‹ genannt. Simon hat Jesus einmal gefragt, ob man sich denn gegen Unrecht nicht wehren müsse. Weißt du, was er geantwortet hat? Er sagte:

Ihr habt gehört, daß gesagt ist:
Auge um Auge, Zahn um Zahn.
Ich aber sage euch:
Widersteht nicht dem Bösen.
Sondern wer dich auf die rechte Backe schlägt,
dem halte auch die andere hin.
Und dem, der dir vor Gericht das Hemd nehmen will,
dem laß auch den Mantel,
und wer dich zu einer Meile Dienstleistung erpreßt,
mit dem geh zwei!

Andreas, wer so was sagt, der spinnt. Wir sagen: Wenn dich jemand schlägt, schlag zurück! Wenn dir jemand das Hemd nimmt, zünd ihm das Haus an! Wenn dich jemand erpreßt, entführ ihm seine Kinder und erpresse ihn! Nur so kann das Unrecht eingedämmt werden!«
»Aber Simon, der Zelot, findet diese ausgefallenen Ansichten, die Jesus verbreitet, gut?«
»›Ausgefallen‹ ist ein schwacher Ausdruck! Man kann sich

zur Not vorstellen, daß man von einem Freund lieber Unrecht leidet als ihm Unrecht tut – aber gegenüber Feinden? Ist es nicht unsere Pflicht, Freunden zu helfen und Feinden zu schaden? Als Simon ihn danach fragte, antwortete Jesus:

Ihr habt gehört, daß gesagt ist:
Liebe deinen Nächsten und hasse deinen Feind!
Ich aber sage euch:
Liebt eure Feinde
und bittet für eure Verfolger,
damit ihr Söhne eures Vaters im Himmel werdet,
denn er läßt seine Sonne aufgehen über Böse und Gute,
und er läßt regnen über Gerechte und Ungerechte.

Wer kann sich schon erlauben, so großzügig gegenüber seinen Feinden zu sein? Das kann nur, wer stark und unabhängig genug ist, daß ihm seine Feinde nichts anhaben können. Das können nur die großen Sieger, die Könige und Kaiser. Aber dieser Jesus zieht durch unser unterdrücktes Land und will den kleinen Leuten eine Haltung beibringen, die sich nur eine schmale Oberschicht als Luxus gelegentlich erlauben kann, die aber lähmt, was allein Veränderung bringen kann: die Solidarität der Unterdrückten gegen ihre Peiniger und ihren Haß gegen die Großen!

Ihr wißt,
daß die sogenannten Herrscher der Völker sie unterjochen
und ihre Großen sie unterdrücken.
So aber soll es nicht unter euch sein!
Sondern wer groß unter euch sein will,
der sei euer Diener.
Und wer der erste unter euch sein will,
der sei Sklave aller!

Das hören die Leute gerne. Sie meinen dann, es sei möglich, ohne Gewalt Unterdrückung und Ausbeutung abzuschaffen.
Aber ich sage dir: Ohne den Druck der Gewalt wird sich in diesem Land nichts ändern!...
Jetzt ist daher die Stunde des gewaltsamen Widerstands! Jetzt ist nicht die Stunde des Nehemia! Jetzt ist nicht die Stunde des Jesus von Nazareth.«
»Aber auch Jesus will, daß sich die Dinge verändern!«
»Das ist es gerade: Er weckt die Hoffnung, es könne sich etwas verändern ohne Widerstand und Blutvergießen! Er ist schlimmer als die, die sagen, man müsse sich in alles schicken! Er will gleichzeitig Veränderung und Frieden – das ist eine Illusion! Eine gefährliche Illusion!«

Gerd Theißen, Der Schatten des Galiläers, Chr. Kaiser Verlag, München 1986, 125–132 (in Auszügen)

Was heißt »Reich Gottes«?

Wir sind gewöhnt, vom »Reich Gottes« zu reden. Normalerweise scheiden sich die Geister daran, daß die einen sagen: Das Reich Gottes kommt, wenn diese Welt untergegangen ist. Es ist rein zukünftig. Es löst diese Welt nach dem Ende ihrer Geschichte ab. Die anderen sagen: Das Reich Gottes ist ein Ausdruck für eine friedliche und gerechte Menschenwelt, die wir heute und morgen, jedenfalls aber im Zusammenhang der Menschengeschichte auf dieser Erde verwirklichen sollen. Die einen verlieren dabei die soziale und politische Dimension, die anderen verlieren das Drüben und das Künftige.
Es scheint mir kein Zufall zu sein, daß in den Reden Jesu die Gegenwart und die Zukunft immer wieder ununterscheidbar ineinanderfließen so, wie auch das Hier und das Drüben kaum zu trennen oder auch nur zu unterscheiden sind.
Das Reich Gottes mag man als eine Art »Gewebe« schildern, das die gröbere Struktur der Dinge dieser Welt durchzieht, eine geistige Feinstruktur, in der viel Nichtgeahntes geschehen kann, viel Unerwartetes begegnen, viel Undenkbares Wirklichkeit werden. So erwarten wir, wenn wir »Reich Gottes« sagen, beim einfachsten Ding, das wir in die Hand nehmen, daß es dem Auge eines behutsamen Menschen durchlässig werden kann für eine feinere, eine geistigere, jedenfalls andere Art von Wirklichkeit.
Wir erwarten, wenn wir Reich Gottes sagen, daß an den sozialen und politischen Verhältnissen in dieser Welt durchaus einiges sich ändern kann, wenn ein Mensch sich in den Dienst dieses Reiches stellt. Daß es durchaus sichtbar werden kann, wirksam und handgreiflich. Daß sich das Bild ändert, das wir uns vom anderen Menschen machen, von anderen Völkern, und etwas hin und her geht an Güte und Zutrauen, daß die Taschen aufgehen und auch das Brot von einem zum anderen geht, von dem die leiblich Hungrigen auf dieser Erde leben sollen.
Wir erwarten, wenn wir Reich Gottes sagen, aber auch, daß das Ende der Menschengeschichte nicht das Ende der von Gott geschaffenen Welt ist, sondern sich Gottes Zeit, Gottes Geschichte, Gottes Welt fortsetzt. Wir stehen in einer grundsätzlich offenen Welt. In einer Welt, die offen ist für das Geheimnis des göttlichen Wirkens in ihr. In einer Welt, die offen ist zu anderen Menschen hin und zu ihrem Schicksal. Eine Welt vor allem auch, in der nichts so zu bleiben braucht, wie es ist, in der wir Christen uns mit Lüge und Gewalt, Terror und Ausbeutung nicht abzufinden brauchen. Und wir stehen in einer Welt, die nach ihrer Zukunft hin offen ist, deren Ende nicht ein Abgrund des Untergangs, sondern neue Schöpfung ist.

Jörg Zink, Eine Handvoll Hoffnung, Kreuz Verlag, Stuttgart 1979, 89–90

Die Brüder Berrigan (dpa-Bild Stuttgart)

An die Gottesherrschaft glauben heißt, nicht für alles einstehen müssen

Der amerikanische Jesuit Daniel Berrigan (geb. 1923) kämpft zusammen mit seinem Bruder Philip seit vielen Jahren gegen die Vernichtung der Welt durch Krieg. Als radikale Pazifisten versuchen sie, mit symbolischen Handlungen den Wahnsinn atomarer Rüstung anzuprangern. 1967 gießen sie (eigenes) Blut über die Einberufungsbefehle für den Krieg in Vietnam. 1981 holen die beiden Brüder aus dem Wehrersatzamt von Catonsville 388 Aktenordner und verbrennen sie mit selbstgemachtem Napalm auf einem Parkplatz (siehe Bild). Sie müssen wiederholt ins Gefängnis. Dem steht folgende Episode gegenüber:

Als Daniel Berrigan einmal in Europa war, kam es zu folgender Situation. Er hatte anstrengende Wochen hinter sich. Er hatte lange Zeit zwei- oder dreimal in vielen Städten gesprochen. Er war müde und beschloß, sich bei Freunden ein paar Tage auszuruhen. Er wollte lesen, er wollte beten, er wollte ins Theater gehen, er wollte Musik hören. Da kam ein Anruf aus einer Tagungsstätte, in der einige hundert junge Menschen zusammen waren. Zu ihnen sollte er sprechen. Seine Freunde meinten, dies sei wichtig und eine gute Gelegenheit, für seine Sache zu werben. Er lehnte ab und zog statt dessen Konzert- und Theaterbesuch vor. »Wenn es an mir hängt«, so sagte er, »ist die Sache sowieso verloren.«

Fulbert Steffensky, Wir haben keine Zeit mehr, Gott zu verschweigen, Zeitschrift für Pastoraltheologie 1986

9 Wahrlich, dieser Mensch ist Gottes Sohn gewesen (Mk 15,39)

Gott leidet mit den Menschen mit

Jesus hat durch sein Verkündigen und Verhalten seinen Tod »provoziert«. Er wollte und konnte für seinen Anspruch, eine neue, die endgültige Auslegung Gottes zu bringen, keine Legitimation vorweisen, die die Wächter über den rechten Glauben, die Frommen im Bunde mit den Herrschenden, überzeugt hätte. Aber wie soll man auch einen Gott sichtbar legitimieren, dessen Stärke gerade seine Schwäche für die Menschen ist? Ein solcher Gott wird eben wegen seiner Menschlichkeit immer nur menschlich, allzu menschlich erscheinen.
Die Frage nach dem Recht seines Anspruchs mußte für Jesus gleichbedeutend mit der Frage nach der Wahrheit seiner Botschaft sein. Ursprung und Quelle alles Glaubens, Lebens und Lehrens Jesu war seine »Abba-Erfahrung«, jene neuartige Gotteserkenntnis ohnegleichen: daß Gott Vater sein will, ein menschenfreundlicher Gott, allen gnädig zugewandt, insonderheit jedoch jenen, die nach bisher geltender Religion und Moral von der Nähe Gottes ausgeschlossen schienen. Statt dessen aber muß Jesus jetzt erleben, daß sein »Vater« ihn offensichtlich im Stich läßt, daß er nicht nahe, sondern sehr fern ist. Wenn Gott sich ihm jetzt aber nicht als Vater bewahrheitete, dann mußte dies bedeuten, daß das neue Bild, das er von Gott entworfen hatte, falsch war, daß Gott seinerseits es verworfen hatte.
In dieser Situation – von den Menschen verurteilt, in seinem Glauben angefochten und so, wie es aussieht, selbst von Gott verlassen – geht Jesus in die Knie – in die Knie vor Gott! Am Kreuz hängend, betet er den 22. Psalm: »Mein Gott, mein Gott, warum hast du mich verlassen ...« ...
In Jesu Mund bedeutet dieser Psalm weder nur einen Verzweiflungsschrei noch nur eine Vertrauenskundgebung. Jesus ist weder sterbend in seinem Glauben zusammengebrochen, noch ist er mit einem Triumph auf den Lippen untergegangen. Vielmehr hat er bis in die letzte Tiefe hinein erfahren, was es heißt, von den Menschen verworfen und von Gott verlassen zu sein. Nicht, daß Jesus größere körperliche Schmerzen als andere Menschen erdulden mußte! Ich weiß nicht, was schlimmer ist, neun Stunden lang am Kreuz zu sterben oder sich einen Tag und eine Nacht lang mit einem Bauchschuß im Niemandsland die Seele aus dem Leib zu schreien. Aber weil Jesus sich mit Gott und den Menschen in einzigartiger Weise verbunden wußte, weil er Gott seinen »Vater« nannte, wie sonst kein Mensch zu Gott »Vater« sagen kann, und weil er sich an seine Mitmenschen hingab, wie sonst kein Mensch sich auf einen Mitmenschen eingelassen hat, darum mußte er auch tiefer als je ein Mensch erfahren, was es heißt, von Gott und den Menschen verlassen zu sein.
Aber in seiner Menschen- und Gottverlassenheit ruft Jesus nun gerade zu Gott und wirft sich ihm in die Arme. »Mein Gott, mein Gott, warum hast du mich verlassen?« Das bedeutet: Jesus hat seine Abba-Erfahrung durchgehalten; richtiger: seine Abba-Erfahrung hat ihn durchgetragen. Sie hat den schwersten Härtetest bestanden; selbst in der Stunde der Gottverlassenheit hat sie sich bewahrheitet. Inmitten allen Bruches, den Jesu Scheitern und Tod bedeuten, ist etwas *Bleibendes* zu erkennen: *Gottes Treue und Jesu Trauen.*
In Jesu Sterben am Kreuz wird vollends »ersichtlich«, was sein Leben ausgemacht hat: *Jesus hat die Liebe Gottes unter den Bedingungen der Existenz in der Welt geglaubt und gelebt.* Daher läßt sich sein ganzes Leben in dem Wort »Hingabe« zusammenfassen: Er hat sein Leben für Gott an die Menschen hingegeben. Das schließt den Tod ein. Denn die Hingabe des Lebens nennt man »Tod«.
Wie Jesus gelebt hat, so ist er gestorben, und er ist so gestorben, wie er gelebt hat: das einigende Band zwischen beidem bildet die Liebe. Diese Einheit des Lebens und Sterbens Jesu hebt der vierte Evangelist bezeichnenderweise gerade an der Stelle hervor, an der in seinem Evangelium sozusagen das »Leben und Wirken« Jesu endet und sein »Leiden und Sterben« beginnt. Genau an diesem Übergang gibt er so etwas wie eine Kurzbiographie Jesu. Sie lautet: »Wie er die Seinen geliebt hatte, so liebte er sie bis ans Ende.« (Johannes 13,1) Das Ende aber ist der Tod. Also kann man auch sagen: *Jesus von Nazareth hat sich zu Tode geliebt.*
Am Kreuz Jesu auf Golgatha und nicht in der Krippe von Bethlehem erschließt sich mir Gottes Wesen am tiefsten. Das Grunddatum allen Christentums lautet für mich nicht: Gott ist Mensch geworden, sondern: *Gott leidet mit den Menschen mit.*

Heinz Zahrnt, Warum ich glaube. Meine Sache mit Gott, R. Piper & Co. Verlag, München 1977, 137–142 (in Auszügen)

Hans Baldung Grien, Hochaltar Freiburger Münster, Rückseite, 1512–1516 (Bildverlag Freiburg)

Streit um Auferstehung

1. Wir brauchen keine Auferstehung

Wir haben eine unsterbliche Seele. Dieser Kern bleibt erhalten, während die Schale unseres sterblichen Lebens zerbricht. In ihrem irdischen Dasein war die Seele wie in einem Gefängnis eingekerkert. Der Tod macht sie nun frei und führt sie in die Unvergänglichkeit der göttlichen Welt. Wir brauchen keine Auferstehung, weil wir in unserem innersten Wesen schon unsterblich sind.

2. Auferstehung kann es nicht geben

Eine Auferstehung gibt es nicht. Der Tod ist das natürliche Ende eines jeden Menschen. Jesus ist eine große Gestalt der Menschheitsgeschichte, aber auch er mußte sterben. Es ist einfach ehrlicher, wenn wir uns mit dem Tod als dem unwiderruflichen Ende unseres Lebens abfinden.

3. Der Tod ist kein Problem

Wir glauben, daß wir mit unserer geistlichen Wiedergeburt schon an Gottes neuer Welt Anteil haben. Der Tod kann uns deshalb nichts mehr anhaben.

4. Wir werden auferstehen

Uns allen steht der Tod bevor. Weil der Tod alle Lebensbeziehungen abbricht, sind wir erfüllt von Angst, Zorn und Trauer. Dennoch – von Ostern her glauben wir, daß Gott die Herrschaft des Todes gebrochen hat. Zwar sind wir noch von der Macht des Todes bedroht, doch weil Jesus Christus auferstanden ist, hoffen wir auf die Treue Gottes auch durch den Tod hindurch. Wir kämpfen aber zugleich gegen den Tod in seinen entfremdenden Gestalten und bleiben um Gottes und der Menschen willen der Erde treu.

5. Wir werden immer wieder neu geboren

Die Seele besitzt eine vom Körper unabhängige Existenz. Im Tod verläßt die Seele ihre vergängliche Hülle und verkörpert sich wieder in einer neuen Gestalt mit einem vorherbestimmten Schicksal. Diese »Reinkarnationen« ermöglichen den Aufstieg der Menschheit und die Vervollkommnung des Individuums.

In vielen Gesprächen, in zahllosen Briefen, die wir erhielten, wurde die Frage nach dem Warum des Todes von Jan in seinem Alter gestellt. Wir als Eltern wissen darauf keine Antwort. Aber wir möchten Ihnen schreiben, daß wir haben sehen dürfen, wie Jan in bewunderswerter Weise seine Krankheit bis zum Ende getragen hat,
wie Marthe mit grenzenloser Liebe und Zuwendung bei ihm war,
wie unsere Kinder immer wieder mit Jan sprechen konnten,
wie die Ärzte und Schwestern ihn mit Fürsorge umgaben.
Wir glauben, daß in alledem etwas von Gottes kommendem Reich offenbar wurde.
Ihre Gebete, Gedanken, Worte und Taten bestärkten uns in dieser Überzeugung und waren uns allen in den vergangenen Monaten eine große Hilfe.

Hermann Wiersinga, Leid: Herausforderung des Lebens, Chr. Kaiser Verlag, München 1982, 114f.

The Lord of the Dance

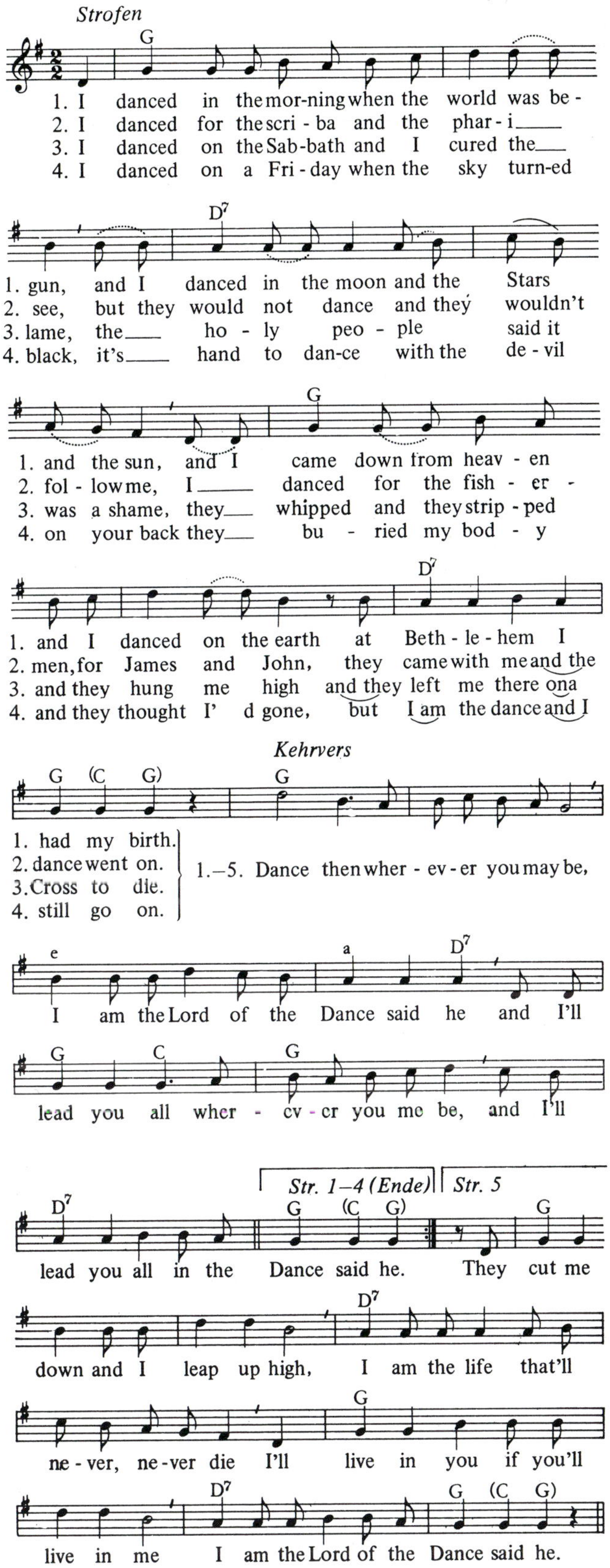

abschließend noch einmal den Kehrvers bis „Ende"

Foto: U. Schott

Text- und Melodie-Fassung 1963
Aus: »In the Present Tense«, Stainer & Bell Ltd., London

10 Ich werde sein, der ich sein werde (Exodus 3,14)

Der überraschende Gott

Neugier ... ist die Mutter aller Erkenntnis, manchmal auch der Gotteserkenntnis. Und wer auf Erkenntnis aus ist, darf Umwege nicht scheuen; sondern der Umweg ist der einzige Weg zur Erkenntnis. Also biegt Mose vom Weg ab und geht auf den Dornbusch zu, den er gerade entdeckt hat: einen Dornbusch, der brennt, ohne zu verbrennen.

Dort begegnet ihm Gott, ein überraschender, wandlungsfähiger Gott. In der Gottesbegegnung am Dornbusch, die Mose widerfährt, sind verschiedene Wandlungen dieses Gottes auf engstem Raum zusammengedrängt. Ja, diese Erzählung ist wie ein Brennspiegel für die Wandlungsfähigkeit Gottes. Der Gott der Väter begegnet uns hier, der Gott Abrahams, Isaaks und Jakobs, der die Nomadenstämme auf ihrer Suche nach neuen Weideplätzen begleitete. Aber auch an den Ort gebundene Gottesgestalten, Lokalgötter, treten uns entgegen: der Gott, der sich im Feuer des brennenden Busches zeigt, wie der, der am heiligen Berg wohnt. Einmal erscheint Gott in seinem Boten, das andere Mal spricht er selbst. Verschiedene Namen werden ihm zugedacht. Vor allem aber: der Gott, der Mose hier entgegentritt, ist einer, der sich in all diesen Erscheinungsformen nicht nur zeigt, sondern zugleich entzieht. Er benutzt diese Erscheinungsformen, aber er bindet sich nicht an sie. Er begegnet im Feuer; doch er verschmilzt nicht mit dem Feuer. Er läßt sich am heiligen Berg hören; doch seine Stimme schallt darüber hinaus. Er ist der Gott der Väter, der Gott Abrahams, Isaaks und Jakobs; doch seine Macht ist nicht an den Zug der Nomadenstämme gebunden. Er ist ein überraschender Gott, der sich selbst vorbehält, wie er sich zu erkennen gibt: »Ich werde dasein, als der ich dasein werde.«

Diese Selbstvorstellung Gottes ist das Ende aller religiösen Magie. An keinen Ort läßt sich Gott magisch bannen; durch keine Riten kann der Mensch seine Gegenwart erzwingen. »Ich werde dasein, als der ich dasein werde.« Ganz der Zukunft ist die Formel zugewandt, mit der er sich vorstellt. Andere weisen auf ihre Leistungen in der Vergangenheit hin, um sich bekannt zu machen; er aber weist auf die Zukunft als einen Raum von Möglichkeiten, der sich auf keinen Begriff bringen läßt, auch nicht auf den Gottesbegriff. Auf die Frage, wodurch er sich zu erkennen gibt, antwortet dieser Gott eben nicht: »Ich offenbare mich im brennenden Busch«; oder: »Ich wohne am heiligen Berg.« Er antwortet nicht: »Ich zeige mich in den Ordnungen der Natur, den heiligen Ordnungen meiner Schöpfung.« Er antwortet auch nicht: »Ich wirke in der Revolution.« Sondern die Antwort heißt: »Ich werde dasein, als der ich dasein werde.« Unter dem Bogen dieser Antwort spannt sich dann die Geschichte aus: als eine Geschichte der Wandlungen Gottes.

Oft genug hat man gedacht, Gott stelle sich so vor, wie sich Menschen einander vorstellen; und seine Überlegenheit zeige sich allein darin, daß er nicht wie unsereiner seinen Namen zu sagen braucht. Dann lag das Mißverständnis dieser überraschenden Selbstvorstellung schon auf der Hand; denn nun las man sie so: »Ich bin, der ich bin.« Gott – der ewig Gleiche, der in sich selbst Bestand hat, auf keinen anderen angewiesen. Die so verstandene Selbstvorstellung Gottes hat man dann in der Neuzeit auf den Menschen übertragen, auf ihn projiziert. Manche berühmten Leute haben sich schon darüber aufgeregt, daß im Gang der Religionsgeschichte Vorstellungen über den Menschen auf Gott übertragen, auf Gott projiziert wurden; und sie haben dann gemeint, alle Religion sei gar nichts anderes als eine solche Projektion. Doch viel aufregender ist es, daß wir in der Neuzeit Eigenschaften Gottes auf den Menschen projiziert, auf den Menschen übertragen haben; der Mensch ist an die Stelle Gottes getreten. Die menschliche Seele wurde zu dem Schirm, auf dem nun alle Eigenschaften Gottes zu finden sein sollten. Der Mensch erschien als das freie Wesen, seiner selbst mächtig und Herr über die Natur, als der, der in sich selbst Bestand hat, auf keinen anderen angewiesen. Und so hat der neuzeitliche Mensch, der sich selbst nach dem Bild Gottes erschuf, auch die Selbstvorstellung Gottes für sich in Anspruch genommen: »Ich bin, der ich bin.«

Der Gott, der sich so vorstellt, hat gar kein Interesse am »Ich bin«. Sein Interesse gilt vielmehr ohne Vorbehalte denen, deren Schreien zu ihm dringt. Es gilt den geknechteten Hebräern in Ägypten: den Gastarbeitern, deren Arbeitskraft benutzt und deren Lebensfreude zugleich zerstört wird, den ausländischen Arbeitskräften, die das Funktionieren der ägyptischen Wirtschaft garantieren und die zugleich doch am Rand der Wohlstandsgesellschaft gehalten werden. Nicht um seinetwillen, um ihretwillen stellt Gott sich vor. Um ihretwillen benutzt er den Dornbusch und läßt ihn brennen; um ihretwillen läßt er sich am heili-

gen Berg hören; um ihretwillen ruft er die Erinnerung an den Gott der Väter wach.
Alle Wandlungen Gottes werden aufgerufen – nur zu dem einen Ziel: um Antwort zu geben auf das Schreien der Gedemütigten, um den Geknechteten Freiheit zu bringen. Um ihretwillen ruft er: »Mose, Mose.« Um ihretwillen, so denke ich, ruft er auch uns: Menschen, die am liebsten Ohren und Mund zugleich zuhalten, wenn die Ausländerfeindschaft um sie her ausgerufen wird, und die, wenn das Geschrei nicht mehr zu überhören ist, nur noch stammeln können: »Was soll ich denn sagen?« Die Antwort an Mose heißt: Geh zum Tyrannen und verlange die Freigabe der Sklaven. Brich mit ihnen auf und führe sie in ein schönes und weites Land, in dem sie nicht nur arbeiten dürfen, sondern auch Platz zum Leben finden. So beginnt der Exodus, der Aufbruch in die Freiheit. Weil er schon begonnen hat, können wir auf ihn hoffen.
Hier wird nicht über Freiheit geredet, sondern hier fängt Freiheit an. Sie beginnt, indem sich an den faktischen Machtverhältnissen etwas ändert. Dem Pharao wird die Macht über die Israeliten genommen; sie nehmen ihr Schicksal selbst in die Hand. Das ist Politik.
Die Meinung, die Geschichte Gottes mit den Menschen habe mit Politik nichts zu tun, wird schon hier, im zweiten Buch der Bibel, zur leeren Behauptung. Da sind Unterdrückte, Bausklaven der Mächtigen. Sie schreien. Und sie sollen befreit werden. Und da ist Mose, der flüchtige Hebräer, der Hirt, im täglichen Trott. Er hört die Stimme im Busch; und nichts ist mehr so, wie es vorher war. Er, der Hirt, soll vor dem Tyrannen stehen. So fängt Freiheit an.
Freiheit fängt so an, daß Ungleichheit im Namen Gottes ignoriert, einfach ignoriert wird. Freiheit beginnt so, daß die Fleischtöpfe Ägyptens nicht mehr das letzte Wort haben – und auch nicht die, die sie verwalten. Freiheit beginnt, wo unsere Anpassung an die Sklaverei ein Ende hat.

Wolfgang Huber, Auf Gottes Erde leben. Biblische Einsichten, Kaiser Traktate 85, Chr. Kaiser Verlag, München 1985, 15–22 (in Auszügen)

»Wir bekräftigen unseren Weg!«

Begrüßungswort bei einer Versammlung vieler Basisgemeinden in Linhares E.S., Brasilien am 1.10. 1978

Brüder, willkommen in dieser Versammlung.
Dies ist die Begegnung eines Volkes, das von Gott berufen wurde.
Es vereint sie der Glaube, daß das Leben stärker ist als der Tod;
es stärkt sie die Liebe, die den Menschen und die Welt verändert.
Gott hat uns hierher geführt,
und das hat seine lange Geschichte:
Alles fing an an dem Tag, als Gott zu Abraham sprach:
›Verlaß alles, was du hast, dein Land, das Vieh und deine Verwandten; klammere dich nicht an die Gegenwart, geh stets in Richtung Zukunft.‹
Wir kamen zur Welt mit dem Glauben an die Zukunft,
wie eine werdende Mutter, die ihr Kind erwartet.
Gott versprach, daß die Kinder Abrahams
so zahlreich wie die Sterne am Himmel und die Sandkörner im Meer sein würden.
Abraham glaubte dem Herrn;
er begann den Wanderweg unseres Volkes,
genauso wie ein Bauer sein Feldstück verläßt,
in der Hoffnung eines besseren Lebens.
Wir sind ein Volk, das auch das Leiden kennt:
400 Jahre lang waren wir wie die Sklaven in Ägypten,
in einem Land, wo die Reichen immer reicher
und die Armen immer ärmer wurden.
Im Namen Gottes hat Moses das Volk zur Befreiung geführt:
die Schwachen haben die Mächtigen besiegt –
steter Tropfen höhlt den Stein.
Die Hoffnung des Volkes lebte wieder auf.
Wir sind ein Volk, das auch das Leiden kennt:
600 Jahre vor Christus wurden wir mit Gewalt in ein fremdes Land getrieben;
selbst in einem fremden Land haben wir aber unsere Einheit nicht aufgegeben.
Gott erhörte unser Flehen,
und wir wurden von neuem in unsere Heimat zurückgelassen,
wie der Sohn, der wieder den Weg nach Hause findet.
Der Herr verrät sein Volk und dessen Zuversicht nie.
Heute haben wir uns hier versammelt:
Menschen, die auf dem Lande, auf ihrem Acker kämpfen;
Menschen, die in den Fabriken, an ihrem Arbeitsplatz schuften.
Alle sind Brüder, alle haben denselben Glauben, tragen die gleiche Hoffnung!
...
Wir bilden alle zusammen ein Volk,
das auf die Einheit der Machtlosen setzt,
das eine gerechtere und brüderlichere Gesellschaft ersehnt.
Wir bilden ein Volk, das sich auf das Wort Gottes stützt;
und alle gemeinsam wollen wir uns entschlossener
für unsere Befreiung einsetzen.

Aus: A. Reiser, P. G. Schoenborn (Hrsg.), Basisgemeinden und Befreiung, Jugenddienst-Verlag, Wuppertal 1981, 94ff. (in Auszügen)

11 Ich bin der Herr, dein Gott (Exodus 20,2)

Martin Luther (1483–1546): Du sollst keine anderen Götter neben mir haben

Ein »Gott« heißt etwas, von dem man alles Gute erhoffen und zu dem man in allen Nöten seine Zuflucht nehmen soll. »Einen Gott haben« heißt also nichts anderes, als ihm von Herzen vertrauen und glauben; in diesem Sinn habe ich schon oft gesagt, daß allein das Vertrauen und Glauben des Herzens einem etwas sowohl zu Gott als zu einem Abgott macht. Ist der Glaube und das Vertrauen recht, so ist auch dein Gott der rechte Gott, und umgekehrt, wo das Vertrauen falsch und unrecht ist, da ist auch der rechte Gott nicht. Denn die zwei gehören zusammen, Glaube und Gott.
Darum ist nun der Sinn dieses Gebotes der, daß es rechten Glauben und Zuversicht des Herzens fordert, welche sich auf den rechten alleinigen Gott richtet und ihm allein anhängt. Und zwar will es soviel gesagt haben: »Sieh zu und lasse mich allein deinen Gott sein und suche ja keinen andern. Das heißt: was dir mangelt an Gutem, das erhoffe von mir und suche bei mir, und wenn du Unglück und Not zu leiden hast, so kriech und halt dich zu mir. *Ich,* ich will dir genug geben und aus aller Not helfen; laß nur dein Herz an keinem andern hangen noch bei ihm ruhen...
Es ist mancher, der meint, er habe Gott und alles zur Genüge, wenn er nur Geld und Gut hat; er verläßt sich darauf und brüstet sich damit so unentwegt und zuversichtlich, daß er auf niemand etwas gibt. Sieh, ein solcher hat auch einen Gott: der heißt Mammon, d. h. Geld und Gut; darauf setzt er sein ganzes Herz. Das ist ja auch der allergewöhnlichste Abgott auf Erden. Wer Geld und Gut hat, der weiß sich in Sicherheit und ist fröhlich und unerschrocken, als sitze er mitten im Paradies; und umgekehrt, wer keins hat, der zweifelt und verzagt, als wisse er von keinem Gott...
Ebenso ist's auch mit einem, der darauf vertraut und trotzt, daß er großes Wissen, Klugheit, Macht, Beliebtheit, Freundschaft und Ehre hat. Der hat auch einen Gott, aber nicht diesen rechten, alleinigen Gott. Das siehst du wiederum daran, wie vermessen, sicher und stolz man auf Grund solcher Güter ist, und wie verzagt, wenn sie nicht vorhanden sind oder einem entzogen werden. Darum sage ich noch einmal, daß die rechte Auslegung dieses Stückes das ist: »einen Gott haben« heißt etwas haben, worauf das Herz gänzlich vertraut.

Martin Luther, Der große Katechismus, Calwer Luther Ausgabe Bd. 1 (GTB Siebenstern 401, 1964, 22f.)

Wegweisung der Freiheit

Mein erster Eindruck von den Zehn Geboten war ein rein optischer. Im Wohnzimmer meiner Großeltern auf einem Bauernhof in Ostböhmen befand sich als einziger Wandschmuck eine grafische Darstellung des Dekalogs. Als kleiner Knabe, noch im Vorschulalter, sah ich sie mir immer wieder an. Ich konnte den Text auch später kaum lesen, weil er in der alten Frakturschrift gedruckt war, aber ich wußte: das sind die beiden Tafeln von Moses, vier Gebote auf der linken, sechs auf der rechten Seite. Und ich kannte sie bald auswendig, mit einigen tschechischen archaischen Ausdrücken, die ich nicht ganz verstand.
Ein bedrückender Eindruck, von Kind auf den strengen Gesetzen ausgesetzt zu sein? Nein, die Atmosphäre im reformierten Großeltern- und Elternhaus erschloß mir eine ganz andere Möglichkeit. Es war die Atmosphäre einer lebensnahen Freude – an den guten Gaben der Schöpfung, an der mitmenschlichen Gemeinschaft in der Familie, in der Nachbarschaft und in der Kirche, und auch – in einer großartigen Selbstverständlichkeit – an den guten Geboten Gottes. Es war mir vielleicht deshalb auch später als Theologe unverständlich, daß es immer wieder theologische Einstellungen gibt, welche dem Dekalog gegenüber auf Distanz gehen und dem »düsteren Gesetz« das frohe Evangelium entgegensetzen. Von Hause aus habe ich doch erfahren: nicht erst die neutestamentliche »gute Nachricht«, bereits die Zehn Gebote sind eine befreiende Botschaft, die »andere Gestalt des Evangeliums«. Der Psalm 119, den wir in unseren Andachten und Gottesdiensten so oft anstimmten, ist ein einziger Lobpreis Gottes aus der Gabe seines Gesetzes: Wir sind nicht allein in unseren gelungenen und mißlungenen Versuchen, das Leben zu gestalten. Diese Weisung entmündigt und verknechtet nicht, sondern ermutigt und befreit: eine Wegweisung der Freiheit.

Jan Milic Lochman, Wegweisung der Freiheit. Abriß der Ethik in der Perspektive des Dekalogs, GTB Siebenstern 340, Gütersloher Verlagshaus Gerd Mohn, Gütersloh 1984[2], 7f.

Den Sonntag feiern

... eine Gesellschaft, in der Zeit Geld ist, die Zeit nur verbraucht oder vertreibt, kann die Zukunft nicht gewinnen. Darum ist heute nicht irgendeine Aktion vordringlich, nicht eine Tat, sondern die Feier. Ein weltverändernder Sonntag. Ich meine, daß hier schon der Doppelsinn des Wortes *Feiern* deutlich wird: Feiern heißt, die Arbeit unterbrechen; feiern heißt, sich der Leistung entziehen. Es hat Fastencharakter, wie denn auch das Wort »Fasten« etymologisch mit »Fest« zusammenhängt. Jedes Feiern ist also ein Nicht-Tun, ein Fasten. Jedes Feiern birgt einen Verzicht in sich. Feiern heißt aufhören; wer feiert, durchbricht den Teufelskreis des Nicht-Zeithabens. Feiern heißt, der Zeit Herr werden. Feiern heißt aber auch, Zeit haben für ein Fest, Zeit haben füreinander. Zeit haben für Gottes gute Schöpfung, Zeit haben für Gott selbst.

Für einen christlichen Lebensstil wird es wichtig sein, daß die Christen den Sonntag wieder gewinnen. Dann wird aus dem Schimpfwort »Sonntagschrist« ein Ehrentitel. Sonntäglich erinnert man sich der Vollendung der Schöpfung, da Gott eine Zeit besonders segnet und heiligt, die er den Menschen schenkt als eine glückliche Zeit. Ich meine, es sei schlechter Stil, den Sonntag nur zu sehen als einen Tag der Erholung im Blick auf die Arbeitswoche. Der Sonntag zielt nicht so sehr auf den Werktag wie der Werktag auf den Sonntag, das Zeichen geschenkter und kommender Freiheit, der Tag, an dem wir uns Zeit nehmen, an dem wir Zeit haben.

Marc Chagall, Moses empfängt die Gesetzestafeln © 1988, Copyright by COSMOPRESS, Genf

Wo der Mensch sonntäglich wird, da erweitert sich die Gegenwart, die Zeit wird nicht länger Verlust, sie wird Gewinn. Er kann die Dinge des Werktages nicht mehr so bier- und todernst nehmen. Dies um so mehr, als ja die Sonntäglichkeit nicht nur auf die gute Schöpfung zurückweist, sondern auf die neue Schöpfung vorverweist.

Der Wechsel vom letzten auf den ersten Tag der Woche, vom Sabbat auf den Sonntag wird bedeutsam. Im Sonntag endet nicht, im Sonntag beginnt Zeit, neue Zeit. Jesus predigte das Reich Gottes und brachte den Sonntag. Er brachte den Sonntag als Tag, da die neue Erde im Auferstehen Jesu erstmalig zum Vorschein kommt, als Welterneuerungstag. Jesus ist der sonntägliche Mensch, der uns das Betrachten der Linien lehrt.

Nach: Rudolf Bohren, Fasten und Feiern. Meditationen über Kunst und Askese, Neukirchener Verlag, Neukirchen-Vluyn 1973

Rabbi Mosche Löb sprach: »Ein Mensch, dem nicht an jedem Tag eine Stunde gehört, ist kein Mensch.«

Martin Buber, Die Erzählungen der Chassidim, Manesse Verlag, Zürich 1949, hier: 1984[9], 542

12 Warum verbirgst du dein Angesicht? (Hiob 13,24)

Hiobs Blick in das Herz Gottes

Hiob steht in einer äußersten Dramatik des Glaubens; das Gottesbild hat sich ihm beinah in zwei Aspekte zerrissen, denn er appelliert allen Ernstes an den Freund Gott gegen den Feind Gott, der ihn zerstört. Am Ende des 31. Kapitels hat sich diese Gewißheit zu einem fast schwindelnden religiösen Selbstbewußtsein gesteigert: »Ach, daß ich einen hätte, der mich hörte! Hier, meine Unterschrift! Der Allmächtige gebe mir Antwort ... wie ein Fürst wollte ich ihm nahen.« Hier kann man nun ganz deutlich sehen, worum es Hiob letztlich ging. Nicht, wie man so oft sagt, um die Lösung des Leidensproblems, sondern um sein Gottesverhältnis, ganz einfach um die Frage, ob dieser ihm so unverständlich und schrecklich gewordene Gott sein Gott ist, dessen er sich trösten kann.
Auf die letzte Herausforderung Hiobs antwortet Gott in einer Rede, die ihn mit Kaskaden von Fragen überschüttet. Was verstehst du schon von der Schöpfung, vom Licht, vom Regen, von den Gestirnen und besonders von der Tierwelt? Kannst du sie versorgen? Kannst du das Werfen der Steinziege überwachen und das Treiben der Wildesel? Ein feiner Unterton kann dem Leser nicht entgehen. Mit seiner Rationalität kommt da der Mensch nicht weiter, und Nützlichkeitserwägungen werden vollends zuschanden. Den Regen, das Kostbarste im Haushalt der Natur, schüttet Gott über der Steppe aus, und die Wildesel, die fern von aller menschlichen Ökonomie ihr Wesen treiben, sind wirklich in kein menschliches Wertsystem mehr einzuordnen. Aber vor allem ist dies merkwürdig, wie sich die Situation gewandelt hat. Der Frager findet sich plötzlich als der Gefragte vor und ist mit einemmal völlig in die Defensive gedrängt. Kein Zweifel, diese Flut von Fragen enthält zunächst etwas sehr Einfaches, nämlich eine hoheitsvolle Abweisung Hiobs. Aber der wäre ein Stock, der nicht noch etwas anderes heraushörte, nämlich diesen Unterton einer Freude Gottes an seiner Schöpfung, der er in väterlicher Fürsorge zugetan ist. Diese Flut der Fragen, von denen Hiob in die Enge getrieben wird, ist eben doch nicht nur niederdrückend. Ja, wirbt nicht Gott um Hiob, um ihn teilnehmen zu lassen an seiner Schöpferfreude? Laß doch diese Welt voller Rätsel sein, denn diese Rätsel ruhen am Herzen Gottes! Ist also nicht *das* die Lehre der großen Gottesrede: Der Mensch kann Gottes Weltregierung nie begreifen, aber er kann sie anbeten. Und so antwortet Hiob denn auch: »Ich habe erkannt, daß du alles vermagst; ... vom Hörensagen habe ich von dir gehört, nun aber hat dich mein Auge gesehen, darum widerrufe ich und bereue in Staub und Asche« (42,2.5f.). Vom Hörensagen nur hat er von Gott gehört, nun aber hat ihn Gott doch zu finden gewußt. Er ist einer Anrede Gottes gewürdigt worden – nicht eines lüsternen Einblickes in göttliche Geheimnisse. Es ist mehr: eines Blickes auf das anbetungswürdige Walten Gottes, ja sogar eines Blickes in das Herz Gottes, an dem alle Geheimnisse der Welt und des Menschenlebens ruhen.

Gerhard von Rad, Gottes Wirken in Israel, Neukirchener Verlag, Neukirchen–Vluyn 1974, 88–90

Mir zeinen do

»Es ist den Juden verboten, Hitler posthume Siege zu gönnen. Es ist ihnen befohlen, *als Juden* zu überleben ... Die Stimme von Auschwitz befiehlt dem religiösen Juden, daß er fortfährt, mit seinem Gott zu ringen, wie revolutionär auch die Wege sein mögen, auf denen er dies tut; und sie befiehlt dem unreligiösen Juden (der aus irgendeinem andern Grund Gott schon verloren hat), daß er Auschwitz nicht als eine zusätzliche Waffe verwenden darf, um Gott zu verneinen. Die Stimme von Auschwitz gebietet den Juden, *nicht* verrückt, *nicht* wahnsinnig zu werden, sondern ihre einzigartige Situation in der Geschichte zu akzeptieren, Auge in Auge mit ihren Widersprüchen, und sie zu bestehen. Der Jude nach Auschwitz ist ein Zeuge des Durchhaltens ... ›Mir zeinen do‹: wir sind da, wir existieren, wir überleben, wir halten durch und legen Zeugnis ab vor Gott und Menschen – selbst wo wir von Gott und Menschen verlassen sind.«

Emil Fackenheim, jüdischer Denker, USA

Zit. nach H. Ott, Das Reden vom Unsagbaren. Die Frage nach Gott in unserer Zeit, Kreuz Verlag, Stuttgart 1978, 39f.

Ilina Gur, Mutter, Jerusalem, Yad Wa Schem *Foto: K. F. Bender*

13 O Herr, wie sind deine Werke so groß und so viel (Psalm 104,24)

Die dreifache Schöpfung

Normalerweise denken wir Christen beim Stichwort »Schöpfung« an einen Anfang. Einen »theologischen« Anfang vielleicht sogar in Konkurrenz zu den kosmischen Anfangstheorien der Naturwissenschaften. Es geht aber bei dem theologischen Thema »Schöpfer und Schöpfung« nur am Rande um den zeitlichen Anfang, es geht mehr um das Woher der Welt, um ihr »Prinzip« – und es geht neben der »Schöpfung am Anfang« um »die weitergehende Schöpfung« und um »die Zukunft der Schöpfung«. Im Bild:

Schöpfung =

I	II	III
Gott als Grund der Schöpfung	wie Gott mit der Schöpfung weitergeht	wie Gott die Schöpfung befreit und vollendet
»Schöpfung im Anfang«	»weitergehende Schöpfung«	»Zukunft der Schöpfung«

Im Zeitalter der ökologischen Krise sind II und III die wichtigeren Aspekte der Schöpfung.
Biblische Texte zu den drei Aspekten:

I: 1 Mose 1–2; Hiob 38–41; Kolosser 1 u.a.
II: Psalm 104,27–30; Jesaja 42,5; Matthäus 6,25–31 u.a.
III: Römer 8,17ff.; Jesaja 11,1–9; Jesaja 65,17ff.; Offenbarung 21,1–4 u.a.

Die Schöpfungslehre muß so entfaltet werden, daß die Differenzen und die Kontinuitäten zwischen den drei Aspekten der Schöpfung erörtert werden:

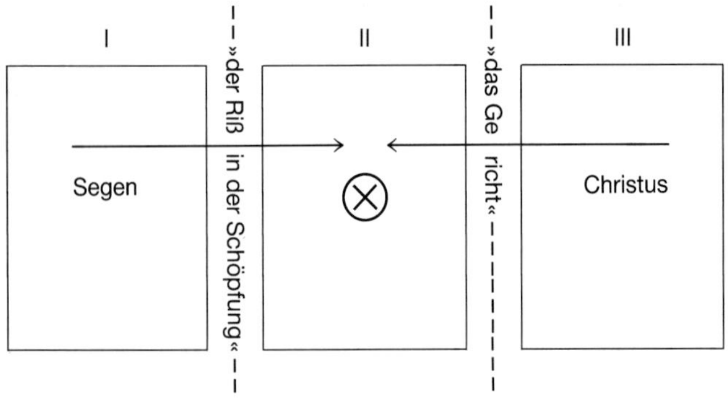

II, der Schöpfungsbereich, in dem wir leben, ist von I getrennt durch den Riß der Sünde und der Gewalt (1 Mose 3; 6–9 bes. 6,11–13). III ist von II getrennt durch »das Gericht«, wobei aber »Richten« in der Bibel vor allem »Her-richten«, Wieder-in-Ordnung-Bringen, In-den-Zustand-des Friedens-Bringen heißt – und nicht primär »verurteilen«. In III wartet die Befreiung aus aller Gewalt auf die Schöpfung (Römer 8,21).
I ist mit II dadurch verbunden, daß trotz des Risses in der Schöpfung der in I auf die Schöpfung gelegte Segen auch in der weitergehenden Schöpfung weiterwirkt (Noah-Bund, Gen 8,22). III ist von III aus gesehen mit II dadurch verbunden, daß in Jesus Christus die Befreiung der Schöpfung aus aller Gewalt schon in der weitergehenden Schöpfung gegenwärtig und erfahrbar ist: In Jesu Leben, Wirken, in seinem Tod und in seiner Auferstehung wird die geheilte und befreite Schöpfung schon im Vorgriff erfahrbar. Soweit die Gemeinde Jesu Christi an dieser Erfahrung teilnimmt und entsprechend handelt, wird sie zum Zeichen kommender Freiheit für die ganze Schöpfung. Darin liegt die Aufgabe der Christen begründet, im Zeitalter der ökologischen Krise, die menschliche Gewalt gegen die außermenschliche Schöpfung zu vermindern (Röm 8,21ff.), wo immer sich dazu Möglichkeiten bieten (Energieeinsparung; Eintreten für ökologische Landwirtschaft, gegen Tierversuche, gegen den Ausbau der Kernenergie, für ökologischere Wirtschaftsweisen; weniger Autofahren usw.).

Gerhard Liedke

Der Duft des Regens

Eine geistliche Übung: Über ein Feld gehen nach dem Regen und den Duft der Erde und des Wassers einatmen. Wissen: Ich bin ein Wesen dieser Erde. Ich gehöre zu ihr. Diese Erde ist meine Heimat, mein Leben und mein Lebensraum. Ich bin aus ihr gemacht, und ich kehre zu ihr zurück. Sie wird mich wieder aufnehmen. Und dies zu denken ist gut.
Dann eine Handvoll der frischen Erde aufnehmen. Sich das unvorstellbar lebendige Leben in jeder Krume vergegenwärtigen, sich die Erdamöben, Springschwänze und Saftkugler vorstellen, von denen in jedem Fingerhut guter Erde fünfhundert Millionen leben. Dazu die Bakterien, die Schimmel- und Bodenpilze und Algen, von denen jeder Kubikzentimeter Milliarden beherbergt und ohne die kein Grashalm wachsen würde. Sich die ungeheure Vitalität vorstellen, von der wir umgeben und selbst durchdrungen und durchwirkt sind. Für uns moderne Menschen, die leichter an ihrer Lebendigkeit zweifeln als aus ihr leben, ist dies eine Übung, die wie ein Heilmittel wirken könnte.

Jörg Zink, Kostbare Erde, Kreuz Verlag, Stuttgart 1982, 48f.

14 Und sie wurden alle erfüllt von dem Heiligen Geist (Apg 2,4)

Als er sich die Erde endgültig zu seiner Wahlheimat ausgesucht hatte, waren sie alle beieinander: Katholiken und Protestanten, Orthodoxe und Freikirchler, Christen für den Sozialismus und Evangelikale, Moslems und Buddhisten, Hindus und Konfuzianer, Anthroposophen und Sektierer aller Sorten.

Alle waren versammelt, als ein Sturmwind sie plötzlich umgab. Vergeblich versuchten sie, festzuhalten, was ihnen doch unter keinen Umständen davonwehen sollte: die jahrhundertealten Bekenntnisse und Abgrenzungen, die bewährten Predigten, die sie immer schon gehalten, und die Vorurteile, die sie stets gepflegt hatten, die ausgeprägten Bilder von Gottesdiensten und Gewändern, ihre Privilegien und Traditionen.

Aber der Sturm war stärker als ihre Standpunkte, und der Wind Gottes wehte, ohne daß sie ihn kanalisieren oder dirigieren konnten. Er pfiff durch alle Ritzen ihrer Behausung, und was sie niet- und nagelfest wähnten, schepperte und klapperte hin und her.

Doch der Sturm löste auch ihre Zungen, und sie redeten. Aber niemand redete gegen den anderen, keiner verletzte mit Worten, jeder versuchte zu überzeugen, statt zu überreden. Niemand verteilte Ketzerhüte oder pochte auf seine Dogmatik. Jeder sprang über seinen eigenen Schatten und suchte den anderen in Liebe. Jeder lobte Gott allein und nicht das eigene, heilige Buch. Und obwohl viele redeten, war es kein Durcheinander der Stimmen, sondern eine einzige, verständliche Sprache.

Es hörten ihnen viele zu, und jeder hatte seine eigene Geschichte. Jugendliche, denen angeblich nichts mehr heilig war. Arbeitslose, die man nur für faul hielt. Playboys, deren Einsamkeit niemand kannte. Alte mit viel Zeit und wenig Freunden. Rechthaber und Rechtlose. Unterdrückte aus den Diktaturen des Ostens und Westens, aus schwarzen und weißen Ländern. Hungernde und Überfressene, Reiche, geblendet von ihren Waffen. Arabische Flüchtlinge und israelische Siedler, libanesische Bombenleger und namibianische Freiheitskämpfer, südafrikanische Minister und nordirische Protestanten, Soldaten von diesseits und jenseits der deutschen Mauer. Schwarze aus den Slums von New York und Farmbesitzer aus Kalifornien, Insassen der psychiatrischen Anstalten Rußlands und Mitglieder des Politbüros. Brüder und Schwestern, Genossen und Genossinnen, orientiert nach Moskau oder Peking, Genf oder Rom.

Während sie zuhörten, war es ihnen, als wenn Feuerflammen das Lügengewebe zwischen Verfeindeten und Entzweiten verbrannten. In ihrer Hitze verglühten die Panzer aus Egoismus, und das Eis um ihre Herzen schmolz. Dieses Feuer leuchtete in die hintersten Winkel ihrer Seelen. Ihre Schuld wurde zu Asche, ohne daß sie selbst vernichtet worden wären.

Vor allem aber: Jeder hörte in seiner Sprache und mit seinen Begriffen von Gott reden. Jeder verstand, daß er selbst als erster betroffen war. Niemandem kam in den Sinn zu sagen: Meine Probleme versteht keiner.

Jugendliche hörten ihre Sprache ohne Anbiederung, und Alte fühlten sich angesprochen ohne falsches Mitleid. Die Unterdrückten sagten: Da weiß ja wirklich jemand, worunter wir leiden, und die Armen sagten: Das sind ja Worte, denen Taten folgen. Die Herrschenden brauchten keinen linientreuen Dolmetscher und ertrugen Kritik. Schwache empfingen Trost, und Starke wurden nachdenklich. Leidende fühlten sich ermutigt und Gewalttätige gewarnt.

Einer sprach zum anderen: Wo soll das noch hinführen? Aber allen ging es durchs Herz, und sie wunderten sich: Zum erstenmal ein Reden von Gott, das uns trifft. Zum erstenmal Eindeutigkeit zwischen Himmel und Erde.

Hans Dieter Osenberg, aus: JS, Das Magazin für junge Soldaten, Hamburg 6/1987, 113

Abendmahl (epd-Bild-S-Hendricks-present)

Die Gaben des Geistes

Im Außergewöhnlichen sehen wir dich,
kraftvoller, mächtiger Heiliger Geist,
in Sturm und Feuer,
Verwandlung und Aufbruch, im Leben
außergewöhnlicher Menschen.

Hilf uns, dich im Verborgenen zu finden,
stiller, beständiger Heiliger Geist,
deine leisen Gaben zu entdecken
in unseren Mitmenschen – in uns selbst:

Die Gabe, Frieden zu stiften,
die Fähigkeit, zu begeistern,
die Kunst, die Wahrheit auszusprechen,
das Talent, gut zuhören zu können,
die Kunst, Kompliziertes einfach zu sagen,
die Gabe, ein ruhender Pol zu sein,
die Fähigkeit, sich einzufühlen,
die Gabe der bergenden Mütterlichkeit,
die Gnade des kindlichen Staunens,
das Charisma des Humors.

Du bist die Chance zum Leben
für jeden von uns,
Heiliger Geist.
Entfalte dein Wirken in uns,
das mächtige und das leise,
damit wir uns selber entdecken
und das Antlitz der Erde sich wandelt.

Kath. Glaubensinformation Frankfurt (Hrsg.), Helft den Menschen glauben. Vom Zeugnis der Christen – eine Ermutigung, Knecht Verlag, Frankfurt 1979

Offene Kirche

Eine Kirche, deren Türen offen sind, so daß frische Luft hereinkommt, das war der erste Eindruck vom Feierabendgottesdienst in der Heiliggeistkirche in Heidelberg. Andere Eindrücke kamen hinzu: Frauen, die Einkaufstasche noch in der Hand; junge Leute zwischen 20 und 30; Touristen, Gemeindeglieder aus der Altstadt: Es ist eine buntgemischte Schar, die sich da immer wieder neu zusammenfindet und doch eine Gemeinde ist. Die Kirche kommt mir vor wie ein großes Wohnzimmer, das für alle möglichen Besucher offensteht.
Ich werde persönlich begrüßt, wir rücken zusammen, machen uns gegenseitig bekannt, haben Zeit füreinander – ja, vor allem Zeit! –, die wir ja angeblich nie haben. Jemand aus der Vorbereitungsgruppe begrüßt in holprigem Englisch die ausländischen Besucher, alles kleine, aber persönliche, liebevolle Gesten ohne Anflug von Betulichkeit. Seit jenem ersten Gottesdienst, in dem wir miteinander ein Bibelwort bedachten und meditierten, habe ich hier so etwas wie eine geistliche Heimat gefunden. Keine Idylle, aber auch kein Aktivismus, sondern ein gefeierter Gottesdienst, »absichtslos« und doch nicht ohne Konsequenzen! Ein Ort, an dem ich wieder lerne zu beten, für mich allein und zugleich mit anderen zusammen. Das Gebet mündet ein in die Stille. Beides fällt mir schwer, denn die Unruhe und Hast wollen nur langsam weichen, die Sorgen und Probleme haben mich fest im Griff. Sie werden nicht weggezaubert, aber ihnen wird eine Grenze gezogen. Ich fange an, einzuatmen und auszuatmen. Wir werden an den Atem erinnert, an den »Odem«, den Gott einst allem Lebendigem eingehaucht hat... Bald sind wir im Kreis um den Altar versammelt und empfangen Brot und Wein, feiern die Gegenwart Christi. »Nehmt das Brot, eßt das Leben, spricht der Herr. Nehmt den Wein, trinkt die Freiheit, spricht der Herr«, so singen wir miteinander. Und hören die Worte:

»Mitten in Elend und Not
feiern wir, was verheißen ist: Gottes Leben.
Mitten in Schuld und Tod
feiern wir, was verheißen ist: Gottes Zukunft.
Mitten in aller Fremdschaft
feiern wir, was verheißen ist: Gottes Kindschaft.«

Ich erfahre, wie mir der bis dahin noch fremde Nachbar aus San Francisco zum Bruder und die mir bis dahin noch unbekannte Nachbarin aus der Altstadt zur Schwester wird, eine Gemeinschaft aus Schwestern und Brüdern in Christus. Ich spüre die frische Luft, die durch die offene Tür der Kirche hereinkommt. Ob sie wohl etwas mit dem Heiligen Geist zu tun hat, der weht, wo und wann er will, nicht nur außerhalb, sondern auch innerhalb der Kirche, nicht nur in Taizé oder auf dem Kirchentag, sondern auch hier in dieser Kirche? Ich freue mich auf den nächsten Gottesdienst.
Susanne K., 18 Jahre

15 Die Frage nach dem Wesen Gottes

Die biblische Botschaft gründet in der Erfahrung mit Gott und spricht den Glauben an Gott aus. Sie will den Glauben an Gottes Gegenwart wecken und Erfahrungen mit Gott eröffnen. Die Verkündigung der biblischen Botschaft will jedoch vor den Zeitgenossen denkend verantwortet werden. Der Glaube ist deshalb auf das Nach-Denken der biblischen Botschaft angewiesen. Darin liegt die Aufgabe der Theologie.

Dieses Nach-Denken war stets auch von der Frage nach dem »Wesen« Gottes bestimmt. In der Geschichte des christlichen Glaubens hat es auf diese Frage verschiedene Antworten gegeben. Drei Antworten haben immer wieder Mißverständnis und Kritik ausgelöst: Gott ist »dreieinig«, Gott ist »Person«, Gott ist »allmächtig«.

Die Auseinandersetzung mit diesen Antworten zeigt, daß es hier nicht bloß um Gott an sich geht, sondern darum, von Gott her die Lebenswirklichkeit des Menschen zu erschließen und Perspektiven eines erfüllten Lebens aufzuzeigen.

Die »Dreieinigkeit Gottes« hat schon immer Schwierigkeiten ausgelöst. Ist Gott nun ein »einfacher« oder ein »dreifacher« Gott? Handelt es sich beim christlichen Gottesglauben überhaupt noch um Monotheismus? Wie verträgt sich der Glaube an den Schöpfer-Gott, an Jesus Christus und an den Heiligen Geist mit dem Glauben an den einen Gott? Bei der Klärung dieser Fragen ist zu bedenken, daß die Rede vom »dreieinigen« Gott die Lebendigkeit Gottes herausstellen will. Dies hat aber ganz entscheidende Konsequenzen für unser eigenes Verständnis von »Leben«.

Die Rede von Gott als »Person« greift die Eigentümlichkeit biblischer Gotteserfahrung auf und führt zum Beten. Entscheidend ist dabei, daß der Glaube an den persönlichen Gott unser Selbstverständnis als »Person« begründet. Wer an Gott als Person glaubt, der kann sich selbst nicht mehr als Nummer oder als Rädchen im Getriebe empfinden.

Die Gefahr ist hier darin zu sehen, daß unserem Verständnis von Gott als Person ein spezifisch neuzeitlicher, individualistischer Personbegriff zugrunde liegt, welcher der Rede von dem dreieinigen, »lebendigen Gott« der Bibel nicht gerecht wird.

Die Rede vom allmächtigen Gott ist wohl das umstrittenste Thema der christlichen Gotteslehre. An ihr entzündet sich nämlich die »Theodizeefrage«. Ist Gott wirklich allmächtig, gütig und gerecht? Ist das nicht ein Widerspruch? Auschwitz und Hiroshima haben den Zweifel an der Allmacht Gottes verstärkt, der in Europa erstmals 1755 bei der Erdbebenkatastrophe von Lissabon wach wurde.

Meister des Hildegardis Codex »Die wahre Dreiheit in der wahren Einheit«, um 1147, Benediktinerinnenabtei St. Hildegard, Eibingen bei Rüdesheim (Verlag Brepols, Turnhout/Belgien)

Ist Gott aber überhaupt in dem Sinne allmächtig, wie es die Theodizeefrage unterstellt? Ist der Vater Jesu Christi jener »Generalsgott«, der hoch über den Wolken thront und alle Fäden in der Hand hat? Aufgrund des biblischen Zeugnisses muß man diese Frage verneinen. Gottes Wesen ist primär allmächtige Liebe, nicht aber lieblose Allmacht. Auch wenn das Glaubensbekenntnis von Allmacht spricht, spricht es doch von der Allmacht des barmherzigen »Vaters«. Ändert sich damit nicht auch der Sinn der Theodizeefrage?

Insgesamt hat das Verständnis von Gottes Allmacht immer mit uns selbst und mit unserem Leben zu tun. Es betrifft unser eigenes Verständnis von Herrschaft, Macht und Freiheit.

16 Der dreieinige Gott

Das Bekenntnis zum dreieinigen Gott

1. Antwort auf das Handeln Gottes

Faßt man die Aussagen über Gottes Verhältnis zu Christus und zum Heiligen Geist zusammen, so ergibt sich daraus die Lehre vom dreieinigen Gott. Diese Lehre will eine Antwort sein auf das dreifache Handeln Gottes:

– Gott schafft und erhält als Schöpfer die Welt
– Gott versöhnt und befreit in Christus die Menschen
– Gott sammelt und heiligt durch den Geist sein Volk

In jeder dieser drei großen Handlungen offenbart sich der eine Gott, doch jedesmal auf verschiedene Weise. Gott schwebt nicht über der Geschichte, sondern er geht in die Geschichte ein und begegnet hier dem Menschen. Sowohl das Alte als auch das Neue Testament sind Zeugnisse für dieses »Mitgehen« Gottes mit dem Menschen. ...

2. Verknüpfung der Glaubensaspekte

Die Stellung des 2. Artikels im Ganzen des Glaubensbekenntnisses ... zeigt, daß das, was Christus einmal für die Menschen getan hat, eine Vor- und eine Nachgeschichte hat. Das Werk Christi gilt ja dem Menschen, den Gott geschaffen hat; insofern bezieht es sich zurück auf die Schöpfung. Das Werk Christi soll dem Menschen durch Wort und Sakramente zugeeignet werden, damit es zu Glauben und Heiligung kommt; insofern bezieht es sich nach vorn auf das Werk des Heiligen Geistes. Für den einzelnen bedeutet das: die einmalige geschichtliche Heilstat Christi (2. Artikel) erreicht mich in meiner Wirklichkeit (1. Artikel) durch die Verkündigung und die Sakramente der Kirche (3. Artikel). Glaube an Christus kann darum keine einseitige Jesus-Frömmigkeit sein, sondern er muß immer sowohl die Welt und ihren Schöpfer (1. Artikel) als auch das Leben und die Gemeinschaft der Christen und damit den Heiligen Geist (3. Artikel) im Blick haben. ...

3. Der lebendige Gott

Gott ist nicht der starre, unbewegte, einsame Gott, sondern der *lebendige Gott* in liebender Gemeinschaft. Er ist einer, aber nicht ein »Einerlei«. Weil er in sich Gemeinschaft ist, darum hat er auch den Menschen, sein »Ebenbild«, geschaffen als ein Wesen, das auf Gemeinschaft hin angelegt ist. Gott ist nicht der schweigende, von dem man nichts wissen kann, sondern der redende, der uns sein Antlitz zugewandt und sein Herz erschlossen hat. ...

Es wird leicht übersehen, daß die Lehre von der Dreieinigkeit Gottes gerade in den gegenwärtigen Auseinandersetzungen und theologischen Überlegungen von großer Bedeutung ist. In der Gotteslehre kann sie uns davor schützen, Gott zu einem ungreifbaren, dem Menschen fernen und fremden Etwas zu machen. Andererseits kann sie uns davor bewahren, in Jesus nur noch einen guten, aber gescheiterten Menschen zu sehen. Und sie wehrt schließlich dem Mißverständnis, als sei der Heilige Geist die Bestätigung unserer Institutionen oder als sei er identisch mit unserer revolutionären Aktivität oder unserem Ideenreichtum. Daß Gott uns näher ist, als wir denken, daß Jesus uns fremder ist, als wir uns vorstellen, und daß die Kirche mehr ist als alle ihre Einrichtungen oder Aktivitäten, daran erinnert uns die Lehre von der Dreieinigkeit immer wieder von neuem.

W. Jentsch, H. Jetter, M. Kießig, H. Reller, H. Echternach (Hrsg.), Evangelischer Erwachsenenkatechismus, Gütersloher Verlagshaus Gerd Mohn, Gütersloh 1982[4], hier 1975, 410–412 (in Auszügen)

Glaubensbekenntnis

Wir glauben an Gott.
Wir sind nicht allein.
Wir sind geborgen.
Wir sind frei.

Wir glauben an den göttlichen Geist,
den Geist der Freiheit,
der uns verbindet
zu der einen umfassenden Kirche.

Wir glauben an Jesus Christus,
der Gott zeigt und vertritt,
der das Reich des Friedens verkündete
und aus Liebe zu uns starb.

Wir glauben, daß Jesus lebt.
Er befreit uns von Schuld,
von Angst und Tod.
Er hilft uns leben.

Wir glauben an den Gott,
der die Welt schafft und erhält,
der will, daß wir mit ihm wirken,
der Welt und den Menschen zugute.

Wir glauben an den lebendigen Gott,
der die Welt vollendet und erneuert,
der auch uns bewahrt und neu schafft
zu unvergänglichem Leben.

Jörg Zink, Rainer Röhricht, Was Christen glauben, GTB Siebenstern 300, Gütersloher Verlagshaus Gerd Mohn, Gütersloh 1987[11], 8

17 Der persönliche Gott

Welchen Sinn hat es, von einem persönlichen Gott zu reden?

Der erste Eindruck, den wir gewinnen, wenn wir die Bibel auch nur flüchtig durchblättern, ist der, daß sie ein durch und durch *personales* Buch ist.
Der durch und durch personale Charakter der Bibel gründet darin, daß der Glaube des Menschen an Gott in ihr als eine existentielle Beziehung erfahren wird, diese existentielle Beziehung aber wiederum als eine Beziehung von Person zu Person. In der Bibel wird vom Menschen nicht nur von und über Gott, sondern stets zugleich auch zu und mit Gott geredet, und auch wenn in ihr von oder über Gott in der dritten Person gesprochen wird, geschieht dies nie neutral, per Distanz, sondern stets existentiell, das heißt immer im Bewußtsein einer Beziehung, möglicherweise auch einer negativen Beziehung zu Gott und damit verborgen in der zweiten Person. Glaube an Gott bedeutet in der Bibel mithin immer Begegnung, Umgang und Verkehr des Menschen mit Gott. Auch wer Gott haßt, duzt ihn.
Die Form, in der sich der Glaube an Gott in der Bibel vollzieht, ist im strengen Sinne des Wortes ein »Dialog« und damit ein Vorgang zwischen zwei Partnern. Ein Dialog aber ist immer durch die personalen Kategorien des Redens, Hörens und Antwortens konstituiert. Und so drückt sich diese personale Partnerschaft auf seiten Gottes in Reden, Gebieten, Verheißen, Zürnen, Suchen, Nachgehen und Vergeben aus, auf seiten des Menschen entsprechend in Hören, Antworten, Fragen, Vertrauen, Gehorchen, Beten, Loben und Danken oder auch in Ungehorsam, Abkehr, Flucht und Fluch und wiederum in Umkehr, Buße, Reue und Gehorsam – dies alles wohl mythologisch, symbolisch oder poetisch-bildlich ausgedrückt, dennoch aber stets streng personal und real-geschichtlich gedacht.
Daß der Glaube an Gott in der Bibel so streng personalgeschichtlich gefaßt ist, rührt nicht daher, daß man zunächst einen neutralen und allgemeinen personalen Begriff von Gott entworfen und aus diesem dann allerhand entsprechende Einzelvorstellungen über Gott abgeleitet hätte – vielmehr geht der Weg genau umgekehrt: Am Anfang stehen bestimmte geschichtliche Widerfahrnisse einzelner Menschen und Gruppen oder auch eines ganzen Volkes, in denen diese eine Begegnung mit Gott erfahren zu haben meinen und über die sie dann entsprechend in personalen Kategorien, Bildern und Begriffen berichten. Die Geschichte der Begegnung zwischen Gott und Mensch macht den Inhalt der Bibel aus; in ihr wird Gott als Person entdeckt. Diese Entdeckung bildet Israels große religionsgeschichtliche Tat. Mit ihr aber hat Israel zugleich die »Welt als Geschichte« entdeckt.

Heinz Zahrnt, Gott kann nicht sterben, R. Piper & Co. Verlag, München 1970, 210f.

In jeder Nacht, die mich umfängt,
darf ich in deine Arme fallen,
und du, der nichts als Liebe denkt,
wachst über mir, wachst über allen.
Du birgst mich in der Finsternis.
Dein Wort bleibt noch im Tod gewiß.

Jochen Klepper

Gott,
von dir sich abwenden
heißt fallen.
Zu dir sich hinwenden
heißt aufstehen.
In dir leben
heißt bestehen.
Gott,
dich verlassen
heißt sterben.
Zu dir heimkehren
heißt neu zum Leben erwachen.
In dir weilen
heißt leben.

Augustinus

18 Der allmächtige Gott

Rechtfertigungsbild aus dem Marienaltar im Münster zu Heilsbronn, 1513–1515 (Evang.-Luth. Pfarramt Heilsbronn, Foto: Oberfränkischer Ansichtskartenverlag Bouillon GmbH, Bayreuth)

Macht und Ohnmacht Gottes

In meinem Büro hängt ein Bild, das aus dem ehemaligen Zisterzienserkloster Heilsbronn in Mittelfranken stammt. Dieses mittelalterliche Altarbild zeigt zunächst eine typische Vaterfigur. Gott ist als alter Vater mit langem Bart dargestellt. Er blickt eher streng drein. In der Hand hält er den Reichsapfel, das Symbol der Weltherrschaft. Aber obwohl es Gott selbst ist, entgleitet ihm die Weltkugel. Das gefällt mir. Denn mir wird immer klarer, daß Gott nicht im herkömmlichen Sinne »allmächtig« ist und alles in der Hand hat. Unsere Theologie behauptet das zwar, und in gewisser Weise ist diese Aussage sicherlich dogmatisch richtig. Aber vom Menschen aus betrachtet ist das offensichtlich falsch. Wo und wie ist denn für uns Menschen sichtbar, daß Gott wirklich regiert und die Dinge in der Hand hat? Das hängt mit seiner Liebe zusammen. Liebe erlaubt der Gegenseite, selbständig zu sein und die Spielregeln zu bestimmen. Der fallende Reichsapfel ist ein ehrlicheres Bild als das Bild eines Gottes, der alles im Griff hat.
In der anderen Hand hält der Vater das Schwert. Das symbolisiert für mich jenen Teil Gottes, der von seinen Kindern erwartet und fordert, das zu werden, was in ihnen steckt. Gott hat eine (heraus)fordernde Seite. Jeder menschliche Vater weiß, daß es nicht immer nur auf die weiche Tour geht. Oft hat man vom zornigen Gott des Alten Testaments gesprochen. Ich halte das für keine glückliche oder angemessene Begriffswahl. Es geht vielmehr um die fordernde Seite der Liebe, die auch einmal stoßen und drängen muß. Echte Liebe muß dieses Element der Härte enthalten.
Gegenüber dem Vater steht – Auge in Auge – Jesus. Er ist fast nackt und blutet. Den Daumen bohrt er geradezu in seine Seitenwunde, als wolle er seine Verwundung besonders hervorheben, dem Vater gleichsam vorhalten. Jesus symbolisiert jenen Teil Gottes, der nicht siegreich ist, sondern scheitert, den Verlierergott, den Gott, der sich mit dem Gebrochenen, dem Lahmen, dem Zukurzgekommenen, dem Schwachen identifiziert. Mit der zweiten Hand hält Jesus das Schwert fest, das der Vater schwingt. So entsteht zwischen Vater und Sohn eine horizontale Linie, die durch das Schwert markiert ist. Gleichzeitig blicken sich beide mit einer ungeheueren Intensität an. Es ist ein Blick kämpferischer, leidenschaftlicher Liebe. Sie nehmen einander in ihren völlig unterschiedlichen Positionen an, aber diese Annahme ist spannungsreich. Der Sohn ist der schwache Teil Gottes – der Vater ist die mächtige Seite. Der Vater repräsentiert die *Machtlosigkeit der Macht,* der Sohn die *Macht der Machtlosigkeit.* Gerade darin ergänzen die beiden einander. Auf dem Schwert zwischen beiden sitzt die Taube, das Symbol des Heiligen Geistes. Das heißt: In dieser Beziehung, wo sich beide Teile gegenseitig annehmen, kommt es zu einem Überschuß von Kraft, zu einer Ausstrahlung, die wir den »Heiligen Geist« nennen. Der Heilige Geist bezeichnet die Beziehung zwischen Stärke und Verwundbarkeit. Wir haben uns in der christlichen Tradition viel zuwenig mit dem Geheimnis der Trini-

tät befaßt. Deshalb fällt es uns so schwer, Gott zu lieben und zu vertrauen. Viele Menschen meiden die geistliche Reise, weil sie vor beiden Seiten Gottes Angst haben. Wenn Gott nur mächtig scheint, dann sind wir überfordert. »Ich bin ihm nicht gewachsen. Er muß mich verurteilen. Er mag mich nicht. Deshalb mag ich ihn auch nicht.«
Man kann Gott tatsächlich nicht vertrauen, wenn man nur die eine Seite sieht. Wenn wir aber beide Seiten sehen – Stärke und Verwundbarkeit –, dann können wir auch begreifen, daß wir selbst nach dem Ebenbild Gottes geschaffen sind. Denn das ist unser eigenes Bild. Auch in uns finden wir einen Teil, der nach Höherem strebt, der uns Großes zutraut und viel von uns fordert. Doch da ist in uns auch jener Teil, der sehr schwach und verwundbar ist. Wie bei uns gehören bei Gott beide Seiten zu seinem Wesen.

Richard Rohr, Der wilde Mann. Geistliche Reden zur Männerbefreiung, Claudius Verlag, München 1986, 93ff.

Christen und Heiden

1 Menschen gehen zu Gott in ihrer Not,
flehen um Hilfe, bitten um Glück und Brot,
um Errettung aus Krankheit, Schuld und Tod.
So tun sie alle, alle, Christen und Heiden.

2 Menschen gehen zu Gott in Seiner Not,
finden ihn arm, geschmäht, ohne Obdach
und Brot,
sehn ihn verschlungen von Sünde, Schwachheit
und Tod.
Christen stehen bei Gott in Seinen Leiden.

3 Gott geht zu allen Menschen in ihrer Not,
sättigt den Leib und die Seele mit Seinem Brot,
stirbt für Christen und Heiden den Kreuzestod,
und vergibt ihnen beiden.

Dietrich Bonhoeffer, Widerstand und Ergebung, Chr. Kaiser Verlag, München 1985, 382

Gott, Du Bäckerin

Gott, Du Bäckerin,
ich bin dein lebendiges Brot.
Stark, braun, Gott, du Bäckerin,
ich bin dein flacher, weicher Laib,
der Gestalt annimmt.
Ich bin dein Brot, das aufgeht, gut geknetet
von einem Paar göttlicher und knotiger
Knöchel, von deinen warmen Erdenhänden.
Ich bin gut geknetetes Brot.

Lege mich in dein Feuer, Gott, Du Bäckerin,
lege mich in dein eigenes helles Feuer.

Ich bin warm, durchwärmt wie Du vom Feuer.
Ich bin weiß und golden, weich und hart,
braun und rund.
Ich bin so schön durchwärmt vom Feuer.

Brich mich, Gott, Du Bäckerin.
Ich werde gebrochen unter deinem fürsorgenden Wort.
Tauche mich in Stücken in deinen besonderen Saft.
Tauche mich in dein Blut.
Ertrunken, ich, in der großen roten Flut.
Sich selbst hingebender Kelch, schlucke mich.
Meine Haut strahlt im göttlichen Wein.
Mein Gesicht ist vom Kelch bedeckt, und ich ertrinke.

Ich tauche auf in einem roten Teich,
in einer goldenen Welt,
wo deine sonnendurchglühte Hand ist,
um mich aufzufangen und zu halten.
Gott, Du Bäckerin, mach mich neu.

Alla Bozarth-Campbell, USA

Aus: Wir sind keine Fremdlinge mehr, Evangelisches Missionswerk, Hamburg 1987, und Weltgebetstag der Frauen, Deutsches Komitee

Jutta-Ute Schwarz Pastorin *6900 Heidelberg*

Lieber Freund,

oder wäre es Dir lieber, wenn ich Dich als lieben Feind anredete? Dein ironisches Lächeln im Mundwinkel könnte mich dazu verführen – oder sollte es das? Immerhin, Du hast wenigstens nicht Ja Ja gesagt und hörbar ein Aber unterdrückt. Mit Deiner kühlen Gescheitheit hast Du sie verteidigt, Deine sogenannte richtige Theologie von einem Gott, der nicht lachen und nicht weinen kann, der das Wort Güte nur als Forderung kennt. Je härter Du wurdest im Gespräch, je unangreifbarer Du Dich machtest, desto mehr spürte ich Deine Sehnsucht nach Theologie, die befreit und tröstet und Deine Augen lachen macht, die alle Deine Abwehr durchbricht. Macht es Dir solche Angst, wenn Gottes Wort ununterscheidbar wird von Menschenmund? Wäre es so erschreckend, wenn keine Regel und Tradition Dich mehr schützte vor Dir selbst, wenn Du ausgeliefert wärst allein an ein Du, das menschliche und das göttliche?

Hast Du das nötig, diese feministische Theologie? hast Du mich gefragt und in die Sonne geblinzelt. Wie schwer Du es mir machst, mich nicht zu wehren, mich nicht zu verteidigen. Wie das alles angefangen hat, hast Du mich weitergefragt und eine Erklärung erwartet. Und Du kennst mich gut genug, um zu wissen, daß ich für die wirklich wichtigen Dinge keine Erklärungen habe. Kannst Du den Anfang eines Kindes erklären? Den Anfang der Sonne? Den Anfang der Nacht? Den Anfang der Güte? Anfänge verbergen sich in Geschichten, erlebten und wieder erzählten, die ihrerseits, wenn es glückt, zum Anfang von neuen Geschichten werden.

Merkwürdigerweise war es gar nicht das erste Mal, daß ich mich als Frau »anders« fühlte unter Euch, die Ihr Euch auch meine Brüder nennt. Es war aber das letzte Mal, daß all meine Verwirrung und mein Ärger – ach, ich erzähl Dir lieber die Geschichte und hoffe, daß Du allein bist, wenn Du sie liest, damit Du ihr erlaubst, Dir unter die Haut zu schlüpfen dahin, wo Du lebst.

Ich hatte noch nicht viel Berufserfahrung, als es mir passierte in jenem riesigen Tagsaal einer geriatrischen Männerstation im Psychiatrischen Landeskrankenhaus. Weil kein Platz und zu wenig Personal war, hatten sie ein paar Betten mit Schwerkranken hineingestellt. In dem einen lag der Mann, der sterben sollte und wollte, aber nicht konnte; denn ich habe ihn daran gehindert. Die Pfleger hatten mich, die Pastorin, gerufen, und so kam ich auch. Der alte, kleine, weißhaarige, erschreckend dünne Mann im verkleckerten, nur am Hals hinten zusammengebundenen Krankenhausnachthemd erwartete seine Tochter. »Katharina«, sagte er zu mir strahlend und ließ nicht einmal ab, Käthchen zu murmeln, als er begriffen hatte, daß ich es nicht war. Immer wieder kam ich als Pastorin, immer von neuem wollte er mich als seine Tochter erkennen. Er wurde nicht böse, als ich mich verweigerte. Er hat mich nie beschimpft. Er hat mich nicht einmal weggeschickt. Jedes Mal hat er mich von neuem erwartet. »Der wartet auf seine Tochter«, sagt sein Freund und nimmt mich auf die Seite, »die lebt in Amerika. Sie hat ihn nie besucht, nur einmal eine Karte geschrieben an seinem ersten Weihnachten hier.«

An diesem Tag gehe ich lange durch den Klinikpark bis hinauf zum Friedhof und mag keinen grüßen, auch kein Schwätzchen halten mit dem Gärtnerpatienten, der das Laub zusammenrecht. Er soll endlich begreifen, wer ich bin, dieser halsstarrige alte Mann. Er soll endlich einsehen, daß er längst keine Tochter mehr hat. Er soll Ruhe geben und sterben. Er soll mich in Ruhe lassen. Wenn ich mich nicht einmal hier durchsetzen kann. Wenn auch der mir seine Anerkennung verweigert. Irgendwann war ich auf dem Rückweg zur Station, schloß die Haustür auf, die Stationstür, den Tagsaal. Da nahm er mich in den Arm, und ich war Katharina. »Jetzt kannst Du aufhören zu warten«, sagte ich noch und hielt ihn in meinem Schoß. Guck mich jetzt nicht an, lieber Freund, und sag nicht: ganz schön sentimental. Mach lieber Dein Pokerface, dann weiß ich, daß Du mich verstanden hast.

Mit herzlichen Grüßen!

Deine Jutta

19 Voraussetzungen der neuzeitlichen Religionskritik

Die Voraussetzungen der neuzeitlichen Religionskritik liegen einmal in jenen geistesgeschichtlichen Erfahrungen und Ereignissen begründet, die entweder den Wahrheitsanspruch des christlichen Glaubens teilweise in Frage stellten oder den Eindruck erwecken konnten, Religion sei überhaupt entbehrlich. Dazu gehören vor allem:

- □ die Konfessionskriege der Nachreformationszeit,
- □ die Unterordnung religiös-ethischer Ansprüche unter politische Ziele (Absolutismus) sowie die Konfessionswechsel der Landesfürsten (und damit zwangsweise auch ihrer Untertanen) aufgrund von Erwägungen politischer Zweckdienlichkeit,
- □ die genauere Erforschung der außerchristlichen Religionen, der Beginn einer vergleichenden Religionsbetrachtung und die daraus resultierende Idee einer ursprünglichen, ›natürlichen‹ Religion, die allen ›positiven‹ Religionen zugrunde liegt,
- □ die Entwicklung eines mechanistischen Welt- und Menschenbildes, das in Analogie zu einem Uhrwerk gedacht ist,
- □ die Entdeckung ›natürlicher‹, d.h. auch unabhängig vom christlichen Glauben erkennbarer Gesetzmäßigkeiten in Politik und Ökonomie, die eine rationale Beherrschung dieser Bereiche ermöglichen,
- □ das Aufkommen eines neuen philosophischen Denkens, gekennzeichnet durch den methodischen Zweifel und die Vernunftautonomie (Descartes) als Grundlage von Wissenschaftlichkeit,
- □ die Bezweiflung einer gütigen Vorsehung Gottes und der ›besten aller Welten‹ (Leibniz) aufgrund von Katastrophen wie dem Erdbeben von Lissabon am 1. November 1755,
- □ die Wiederaufnahme und Verbreitung der antiken Religionskritik durch die Vertreter des italienischen Humanismus,
- □ die Veränderung des biblischen Welt- und Geschichtsbildes durch naturwissenschaftliche Erkenntnisse und Entdeckungsreisen sowie die exegetische Herausarbeitung von Differenzen und Widersprüchen in den biblischen Schriften, die zur Einsicht in ihre Zeitgebundenheit und Menschlichkeit führt,
- □ die ›Scheinheiligkeit‹ kirchlicher Kreise und die Erfahrung, daß moralisches Handeln unabhängig vom Glauben an besondere Offenbarungen möglich ist,
- □ die enge Verbindung von ›Thron und Altar‹ mit der daraus hervorgehenden Rechtfertigung bestehender Verhältnisse durch kirchliche Verkündigung.

Mit diesen Erfahrungen und Ereignissen sind aber die Voraussetzungen der neuzeitlichen Religionskritik noch nicht ausreichend benannt. Zu ihnen gehören auch bestimmte Entwicklungen innerhalb des abendländischen Gottesglaubens selbst, welche die Religionskritik entweder positiv aufnehmen oder sich doch zumindest kritisch darauf beziehen. – Hierzu zählen

1. die Überlagerung biblischer Gotteserfahrungen durch den Gottesbegriff der griechischen Philosophie vor allem seit Thomas von Aquin: Dieser Gottesbegriff wird in der Theologie vorherrschend und somit auch zum Hauptangriffspunkt der Religionskritik; er findet aber schon bei Luther und Pascal theologischen Widerspruch.
2. die »vernünftige« Erschließung Gottes durch die Analogien der sogenannten Gottesbeweise seit Anselm von Canterbury: Gott ist hier zuerst ein Begriff, also ein Gegenstand logischer Schlußfolgerungen und theoretischer Diskussionen. Seine Existenz soll auf diese Weise für jedermann zwingend einsichtig werden. Im Denkansatz von Descartes wird das erkennende Subjekt gleichsam zum Richter über Gottes Existenz.
3. die Betonung eines absolut freien und jenseitigen Gottes, der einer ganz und gar diesseitigen, also Gott nicht mehr erweisenden Welt gegenübersteht: Diese (unter dem Eindruck eines unberechenbaren Weltlaufes gewonnene) Sicht wurde schon für Luther und Descartes, vor allem aber in der Gott und Welt voneinander trennenden Tendenz des späteren Deismus bestimmend.
4. der Glaube an die sittliche Vervollkommnung der Menschheit (›Erziehung des Menschengeschlechts‹) als Folge einer optimistischen und fortschrittsgläubigen Weltanschauung aufgrund der Vorsehung eines gütigen Gottes (Leibniz, Herder, Lessing);
5. die ›Zertrümmerung‹ aller theoretischen Gottesbeweise durch die Vernunftkritik, welche die Begrenztheit des menschlichen Denkens aufzeigte, sowie die Begründung des Gottesglaubens (als eines subjektiven Fürwahrhaltens) auf das moralische Gesetz im Gewissen durch Kant;
6. die Kritik personaler Gottesvorstellungen als ›Anthropomorphismus‹ und die Entwicklung eines abstrakten Gottesbegriffes (›absoluter Geist‹) im deutschen Idealismus (Hegel), der die theologischen Schulen positiv oder negativ (Ludwig Feuerbach) stark beeinflußte;
7. die Modifizierungen des Gottesglaubens im Zuge der beginnenden Auseinandersetzung der Theologie mit Positionen der Religionskritik: Diese Veränderungen wollten jenen Herausforderungen begegnen und näherten sich dabei selber einseitig deistischen, theistischen oder pantheistischen Grundzügen des Gottesglaubens an.

20 Die Notwendigkeit, Gott zu denken

Anselm von Canterbury (1033–1109): Der ontologische Gottesbeweis

Der ontologische Gottesbeweis ist bei Anselm ein Zeugnis vernünftig ausgelegter Gottesgewißheit, die selber höher ist als alle Vernunft. In seiner Schrift »Proslogion« will Anselm die Existenz Gottes beweisen. Er beweist sie, indem er einen Begriff oder einen Namen Gottes voraussetzt, aus dessen Verständnis sich die Existenz Gottes mit Notwendigkeit ergibt und die Behauptung »Gott existiert nicht« unmöglich und unvernünftig wird. Was ist mit dem Begriff »Gott« gemeint? Was enthält der »Name« Gottes? Anselm sagt: »Wir glauben aber, Du bist *etwas, über das hinaus nichts Größeres gedacht werden kann* (aliquid quo nihil majus cogitari possit).« »Größe« bedeutet hier nicht eine Quantität der Ausdehnung, sondern die Qualität des Wesens. In »Gott« sind alle positiven Bestimmungen der Wirklichkeit und der Möglichkeit vereinigt. Er ist weise, mächtig, gütig, und zwar im höchsten, vollkommensten Maße. Darum ist er das vollkommenste Wesen: ens perfectissimum. Existiert etwa ein solches Wesen nicht, wenn der Tor in seinem Herzen sagt: Gott ist nicht? Anselm antwortet: »Sicher erkennt doch eben dieser Tor, was er hört, wenn ich sage: *etwas, über das hinaus nichts Größeres gedacht werden kann,* und was er erkennt, das ist in seiner Erkenntnis da (esse in intellectu), auch wenn er nicht erkennt, daß es da ist (esse in re). Ein anderes ist nämlich das Dasein eines Dinges in der Erkenntnis, ein anderes das Erkennen des Daseins dieses Dinges.« Wäre nun »Gott« als »Etwas, über das hinaus nichts Größeres gedacht werden kann« nur im Intellekt da, nicht aber auch in Wirklichkeit, so ließe sich noch etwas Größeres denken, das nämlich nicht nur im Intellekt, sondern auch in Wirklichkeit da wäre. Das aber wäre ein unvernünftiger Widerspruch zum Gottesbegriff. Darum ist ohne Zweifel »Etwas, über das hinaus nichts Größeres gedacht werden kann« in der Erkenntnis *und* in der Wirklichkeit da. Das aber heißt, Gott kann nicht als nicht-seiend gedacht werden. Wer Gott denkt als »das, über das hinaus nichts Größeres gedacht werden kann«, muß seine Existenz mit Notwendigkeit denken. Man kann Gott als »das, worüber hinaus nichts Größeres gedacht werden kann« also nicht ohne seine Existenz denken. So ergibt sich der Beweis der Existenz Gottes aus dem Gottesbegriff. Wer diesen Begriff als einen vernünftigen Begriff einsieht, kann Gottes Existenz nicht mehr leugnen, ohne in Widerspruch zu diesem Gottesbegriff zu geraten und seine eigene Vernunft zu zerstören. Unglaube an Gottes Existenz ist mithin Unverstand. Wenn »Gott« gedacht wird, muß seine Existenz mit Notwendigkeit gedacht werden.

Thomas von Aquin (1225–1274): Die fünf Wege, Gott zu beweisen

1. Alle Bewegung ist Übergang von einer potentia zu einem actus, von Möglichkeit zu Wirklichkeit. Was uns als Wirklichkeit begegnet, geht also auf Möglichkeit zurück, die ihrerseits wiederum von einer anderen Möglichkeit her als Wirklichkeit bewirkt ist. Dieser Vorgang führt notwendig auf ein primum movens, ein erstes Bewegendes, zurück, das seinerseits nicht wiederum auf eine Möglichkeit zurückführbar ist, sondern reine Wirklichkeit (actus purus) ist. Dieses erste Bewegende ist Gott.
2. Der zweite Weg geht von dem Begriff der Wirkursache (causa efficiens) aus: Alles Wirkliche ist Wirkung von Ursache. Dieser Ursach-Wirkungszusammenhang aber muß selber eine Ursache haben, die nicht wiederum von etwas anderem verursacht ist. Die erste Ursache (causa prima), die den Ursach-Wirkungszusammenhang verursachende Ursache, ist Gott.
3. Der dritte Weg verwendet die Unterscheidung von möglichem und notwendigem Sein. Alles, was dem Werden und Vergehen unterliegt, ist mögliches Sein: es kann sein, aber es kann auch nicht sein. Alles nur mögliche Sein ist aber, sofern es wirklich ist, einmal ins Dasein getreten. Das aber kann nicht in nur möglichem Sein, sondern muß in notwendigem Sein gründen. Dieses notwendige Sein ist das eine, unteilbare Sein Gottes.
4. Der vierte Weg geht von den Stufen des Seienden aus. Es sind nicht alle Dinge gleich, sondern es gibt Stufen der Wirklichkeit und Intensitätsgrade des Seins. Es gibt unbeseelte und beseelte Dinge. In jedem Seinsbereich aber ist die höhere Seinsstufe die Ursache der niederen. Was in höherem Maße wahr ist, das ist auch in höherem Maße Sein. Auf allen Stufen des Seienden ist in verschiedenen Graden Sein und Nichtsein gemischt. Daher muß es eine höchste Stufe des reinen Seins geben, von dem her alle vermischten

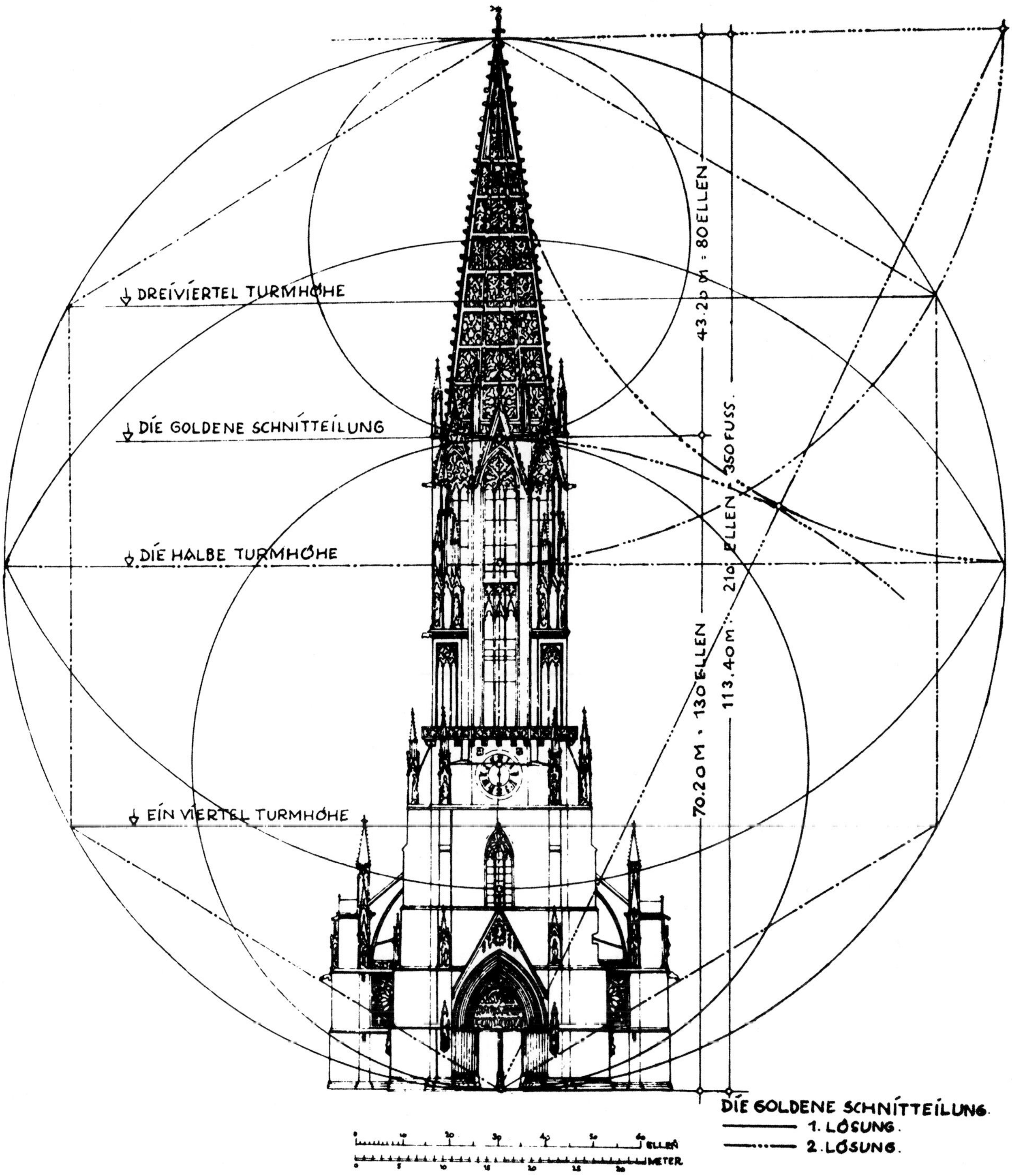

A. Wangart, Plan 10, in: Konrad Kunze, Himmel in Stein. Das Freiburger Münster, Herder Verlag, Freiburg 1980, 17

Gott ist der Architekt des Weltalls. Er hat »alles nach Maß, Zahl und Gewicht geordnet« (Weish. 11,20). Diese Einsicht ist für das mittelalterliche Denken und Schaffen von grundlegender Bedeutung. Sie liegt auch der Architektur gotischer Kathedralen zugrunde. Wie in der Schöpfung soll man auch in ihren Zahlenverhältnissen die Spuren der grandiosen Entwürfe des Weltarchitekten erkennen können. Gotische Kathedralen sind ein sichtbares Bekenntnis zu dem Gott, der Himmel und Erde in vollkommener Harmonie und Ordnung geschaffen hat. Indem sie gleichzeitig das himmlische Jerusalem darstellen (vgl. Offb. 21), geben sie der Hoffnung auf die Endzeit Ausdruck und schaffen Räume, dieses schon jetzt ansatzweise zu erfahren.

Das Grundmaß des Freiburger Münsters ist 3 × 7 Ellen. Der Turm (ohne die Kreuzblume) ist genauso hoch, wie das Münster von der Mittelachse bis zum Chorschluß lang ist: 30 × 7 Ellen. Die einzelnen Proportionen orientieren sich am Goldenen Schnitt.

Der Turm beginnt im Grundriß viereckig, wird aber in Höhe der Uhr achteckig fortgeführt. Während die Vier die Welt symbolisiert (Himmelsrichtungen, Elemente, Jahreszeiten), ist die Acht ein Symbol des Heils und der künftigen Herrlichkeit (acht Menschen entgingen der Sintflut, acht Seligkeiten erwarten nach der Bergpredigt den Menschen im Jenseits). Damit wird der Übergang von der Welt zum Himmel bezeichnet. Schließlich läuft alles auf einen Punkt zu. Die Turmspitze – also die Zahl Eins – ist Ziel- und Ausgangspunkt des Ganzen und bildet somit Grund für die Einheit.

Seinsstufen ihr Sein empfangen und im Sein gegenüber dem Nichtsein getragen werden. Dieses höchste, reine Sein ist das notwendige Sein, das alles verursachende und bewegende Sein. Die Hierarchie der Dinge und Seinsweisen wurzelt im einen, reinen, ewigen Sein Gottes.
5. Der fünfte Weg ist der teleologische oder physikotheologische Beweis. Er geht von der beobachteten Schönheit und Zweckmäßigkeit der Welt aus und schließt durch Vergleich auf Gott.
Hier sehen wir, wie die Wege des kosmologischen Gottesbeweises eine Wirklichkeit voraussetzen, die »geordnetes Sein«, bewegtes, bewirktes, notwendig ermöglichtes und vom ewigen Sein empfangenes Sein ist. Innerhalb dieser Weltmonarchie verweist die Hierarchie der Weltwirklichkeit auf Gott als auf das Letztwirkliche, Letztgültige und Letztbewirkende. Die Welt selber lädt ein: »Tretet ein, auch hier sind die Götter.« »Alles ist voll des Göttlichen.« So beweist sie Gott für die Erkenntnis, die von der bekannten Weltwirklichkeit auf das unsichtbare Sein Gottes schließt...

René Descartes (1596–1650): Selbstgewißheit begründet Gottesgewißheit

Der Mensch wird sich in der Reflexion auf sich selbst seiner selbst als eines denkenden Wesens (sum cogitans) im Unterschied zu den Dingen draußen, die man sehen, messen und berechnen kann (res extensae), bewußt. Ich kann denkend an allem zweifeln, aber nicht daran, daß ich es bin, der denkt und zweifelt. Denkend werde ich so mir meiner selbst gewiß (cogito ergo sum). Auch wenn ich mich täusche, so bin immer noch ich es, der sich täuscht. Dieses ist die erste unbezweifelbare Gewißheit, das unerschütterliche Fundament alles Denkens und Daseins (fundamentum inconcussum). Daraus folgt, daß alles wahr sein muß, was ich ebenso klar und deutlich erfasse wie die Gewißheit meiner selbst. Nun sehe ich aber, daß ich mich nicht selbst geschaffen habe, sondern daß in mir mit dem Bewußtsein meines eigenen Daseins die Idee der Unendlichkeit ist, an der ich mir meiner Endlichkeit bewußt werde. Das heißt, ich finde in mir notwendig die Idee Gottes vor, derer ich in dem Maße inne werde, wie ich mir meiner selbst inne werde. »Daraus allein, daß ich existiere und daß eine gewisse Idee eines vollkommenen Wesens in mir ist, ist auf das einleuchtendste bewiesen, daß Gott auch existiert.« Dieser Beweis Gottes wird auf dem Boden der Selbstgewißheit geführt: Gott ist so gewiß, wie ich mir meiner selbst gewiß bin. Gottes Existenz ist so notwendig und unbezweifelbar wie meine eigene Existenz. Er ist mit meiner Selbstgewißheit mitgegeben.

Immanuel Kant (1724–1804): Es ist moralisch gewiß, daß Gott sei

Immanuel Kant hat alle theoretischen Gottesbeweise einer radikalen Kritik unterzogen. Gott kann nicht Gegenstand möglicher Erfahrung sein, denn diese ist sinnlich, Gott aber ist übersinnlich. Darum gibt es keine logische Gewißheit der Existenz Gottes. Für den praktischen, sittlichen Gebrauch der Vernunft aber bedarf es bestimmter Voraussetzungen (Postulate der praktischen Vernunft). Es bedarf der Voraussetzung der Freiheit und der Unsterblichkeit der sittlichen Persönlichkeit für die Praxis dessen, was sein soll. Die Bedingung für die Erfüllung des moralischen Gesetzes liegt darin, daß ein Gott und eine künftige Welt ist. So wird Gott hier zum Postulat der praktischen Vernunft und des moralischen Glaubens...
Zwar kann sich niemand rühmen zu sagen, er *wisse*, daß ein Gott und ein künftiges Leben sei. Man kann auch nicht einmal sagen: »Es ist moralisch gewiß, daß ein Gott sei«; sondern stets nur: »Ich bin moralisch gewiß«. Aber es ist in der praktischen Selbstgewißheit des einzelnen moralisch notwendig, das Dasein Gottes anzunehmen. Diese Annahme hat keine logische, wohl aber eine moralische Gewißheit. So wurde seit Kant der Gottesbeweis für die theoretische, welterfahrende und welterklärende Vernunft unmöglich. Er ist aber als moralischer Gottesbeweis zu führen, d. h. als Gottesbeweis des praktischen, moralischen Glaubens.

Jürgen Moltmann, Gottesbeweise und Gegenbeweise, in: Das Gespräch 46, Jugenddienst-Verlag, Wuppertal 1969, 12f., 20f., 25f. (in Auszügen)

Immanuel Kant, Das Credo der praktischen Vernunft

»Das Credo in den drei Artikeln des Bekenntnisses der reinen praktischen Vernunft:
Ich glaube an einen einigen Gott, als den Urquell alles Guten in der Welt, als seinen Endzweck; – Ich glaube an die Möglichkeit, zu diesem Endzweck, dem höchsten Gut in der Welt, sofern es am Menschen liegt, zusammenzustimmen; – Ich glaube an ein künftiges ewiges Leben, als der Bedingung einer immerwährenden Annäherung der Welt zum höchsten in ihr möglichen Gut:
– dieses Credo, sage ich, ist ein freies Fürwahrhalten, ohne welches es auch keinen moralischen Wert haben würde.«

Immanuel Kant, Werke, Bd. III, hrsg. von W. Weischedel, Insel Verlag, Wiesbaden-Frankfurt 1956ff., 636

21 Blaise Pascal (1623–1662): Der Gott der Philosophen und der Vater Jesu Christi

»FEUER. Gott Abrahams, Gott Isaaks, Gott Jakobs nicht der Philosophen und Gelehrten. Gewißheit, Gewißheit, Empfinden, Freude, Friede. Gott Jesu Christi.« – Das sind die Anfangsworte jenes Textes, den Blaise Pascal am Montag, den 23. November 1654, in seinen Rock einnäht. Der geniale Physiker, Mathematiker, Philosoph und Zeitgenosse von Descartes, der Erfinder der Rechenmaschine, der Entdecker der Wahrscheinlichkeitsrechnung, der Planer der ersten Omnibuslinie in Paris, erfährt an jenem Tag eine Bekehrung, die fortan sein Leben bestimmen sollte.
Sie prägt auch seine »Gedanken« (Pensées), die 1670 zum ersten Mal erscheinen. In ihnen setzt er sich mit einem fiktiven Gesprächspartner auseinander, der glaubt, nicht mehr auf Gott angewiesen zu sein. Pascal will ihm verständlich machen, daß das menschliche Herz Antworten verlangt, die ihm die Wissenschaft nicht geben kann.

Ich will hier weder die Existenz Gottes, noch die Dreieinigkeit, noch die Unsterblichkeit der Seele, noch irgend etwas dieser Art durch natürliche Schlüsse zu beweisen unternehmen; nicht nur, weil ich mich nicht stark genug fühle, in der Natur irgend etwas zu finden, was verhärtete Atheisten überzeugen könnte, sondern auch, weil solche Erkenntnis ohne Jesus Christus nutzlos und unfruchtbar ist. Ich glaube nicht, daß jemand viel für sein Heil gewonnen hatte, der überzeugt wäre, daß die Beziehungen der Zahlen unstoffliche und ewige Wahrheiten seien, die von einer höchsten Wahrheit abhingen, in der alle begründet seien und die man Gott nenne.
Der Gott der Christen ist nicht einfach ein Gott als Urheber der geometrischen Wahrheiten und der Ordnung der Elemente: das ist der Teil, den Heiden und Epikureer von ihm hatten. Er ist nicht nur ein Gott, der seine Vorsehung auf das Leben und die Güter der Menschen erstreckt, um denen, die ihn verehren, ein langes und glückliches Leben zu schenken; das ist der Anteil, den die Juden hatten. Sondern der Gott Abrahams, der Gott Isaaks, der Gott Jakobs, der Gott der Christen ist ein Gott der Liebe und des Trostes, ist ein Gott, der die Seele und das Herz derjenigen erfüllt, die er besitzt, ist ein Gott, der sie im Innern ihr Elend und seine unendliche Barmherzigkeit spüren läßt, der sich in der Tiefe ihrer Seele ihnen vereint und sie mit Demut, Freude, Vertrauen und Liebe erfüllt und sie unfähig macht, ein anderes Ziel zu haben als ihn.
Alle, die Gott außerhalb Jesu Christi suchen und bei der Natur stehenbleiben, finden entweder keine Erleuchtung, die sie zufriedenstellt, oder sie gelangen dahin, sich ein Mittel zu erfinden, um Gott zu kennen und ihm ohne Mittler zu dienen, und dadurch verfallen sie entweder dem Atheismus oder dem Deismus, die beide die christliche Religion fast gleich verabscheut.
Ohne Jesus Christus würde die Welt nicht bestehen, denn sie müßte entweder zerstört worden sein oder der Hölle gleichen.
Bestünde die Welt, um die Menschen von Gott zu lehren, so würde seine Göttlichkeit aller Orten unbezweifelbar widerscheinen; da sie aber nur durch Jesus Christus und für Jesus Christus besteht, und um die Menschen sowohl ihre Verderbtheit wie ihre Erlösung zu lehren, leuchten hier aus allem die Beweise dieser zwiefachen Wahrheit.
Alles Wahrnehmbare zeigt weder völlige Abwesenheit noch eine offenbare Gegenwärtigkeit des Göttlichen, wohl aber die Gegenwart eines Gottes, der sich verbirgt. Alles trägt dieses Merkzeichen.

Blaise Pascal, Gedanken, Fragment 270
Übers. von E. Wasmuth, Lambert Schneider Verlag, Heidelberg 1981

Herr, ich bitte dich nicht um Gesundheit,
nicht um Krankheit, nicht um Leben,
nicht um Tod.
Ich bitte dich aber:
Nimm meine Gesundheit,
meine Krankheit,
mein Leben, meinen Tod
in deine Hand.

Blaise Pascal

22 Deismus, Pantheismus, Theismus

Voltaire (1694–1778): Gibt es einen Gott?

[Wie ist es möglich], zum Begriff eines Wesens zu gelangen, welches das Universum regiert?
Der dem gewöhnlichen Fassungsvermögen natürlichste und vollkommenste [Weg] ist, nicht allein die Ordnung im Universum, sondern das Ziel zu bedenken, auf das jedes Ding sich offenkundig bezieht. Über diesen einen Gedanken sind viele dicke Bücher geschrieben worden, und alle diese dicken Bücher zusammen enthalten nichts als dies eine Argument: Wenn ich eine Uhr sehe, deren Zeiger die Stunden anzeigt, so schließe ich, daß ein intelligentes Wesen die Federn dieser Maschine so angeordnet hat, daß der Zeiger tatsächlich die Stunden anzeigt. Wenn ich ebenso die Federn des menschlichen Körpers betrachte, so schließe ich, daß ein intelligentes Wesen diese Organe eingerichtet hat, um empfangen und neun Monate im Mutterleib ernährt zu werden; daß die Augen uns zum Sehen, die Hände zum Greifen gegeben wurden usw. Aus diesem einzigen Argument kann ich nichts anderes schließen, als daß es wahrscheinlich ist, daß ein intelligentes und höheres Wesen die Materie mit Geschick bearbeitet und geformt hat; aber ich kann daraus allein nicht schließen, daß dieses Wesen die Materie aus Nichts geschaffen habe und daß es in jeder Hinsicht unendlich sei. Ich kann leicht in meinem Geist die Verbindung der Gedanken herstellen: »Es ist wahrscheinlich, daß ich das Werk eines Wesens bin, das mächtiger ist als ich, also existiert dieses Wesen in der Ewigkeit, also hat es alles geschaffen, also ist es unendlich usw.« Ich sehe indessen nicht die Beweiskette, die zu diesem Schluß führt, ich sehe nur ein, daß es etwas gibt, das mächtiger als ich ist, und nichts sonst...
Also muß die ganze Natur vom entferntesten Stern bis zum Grashalm einem ersten Beweger unterstehen...
Im Hinblick auf die Vorwürfe der Ungerechtigkeit und der Grausamkeit, die man Gott macht, antworte ich zunächst, daß, vorausgesetzt, es gibt ein moralisches Übel (was mir ein Unding zu sein scheint), dieses moralische Übel genausowenig im System der Materie wie in dem eines Gottes zu erklären ist. Dann antworte ich, daß wir keine andere Vorstellung von der Gerechtigkeit haben als die, die wir uns von jeglicher der Gesellschaft nützlichen Handlung gemacht haben und die mit den von uns für das öffentliche Wohl aufgestellten Gesetzen übereinstimmt: Nun ist diese Vorstellung nur eine Vorstellung über die Beziehung von Mensch zu Mensch und kann in keinerlei Analogie zu Gott stehen. Es ist ebenso absurd, von Gott in diesem Sinne zu behaupten, er sei gerecht oder ungerecht, wie zu sagen, er sei blau oder rechteckig.
Es ist demnach töricht, Gott vorzuwerfen, daß die Fliegen von den Spinnen gefressen werden und daß die Menschen nur achtzig Jahre leben, daß sie ihre Freiheit mißbrauchen, um einander zu vernichten, daß sie Krankheiten, grausame Leidenschaften haben etc.: denn wir haben sicherlich nicht die Vorstellung, daß die Menschen und die Fliegen ewig sein müßten. Um aber sicher zu sein, daß eine Sache schlecht ist, muß man zugleich sehen, wie man es besser machen könnte. Wir können gewiß nur beurteilen, ob eine Maschine unvollkommen ist, weil wir eine Vorstellung der Vollkommenheit haben, die ihr fehlt; so können wir zum Beispiel nicht beurteilen, ob die drei Seiten eines Dreiecks ungleich sind, wenn wir keine Vorstellung eines gleichseitigen Dreiecks haben; wir können nicht sagen, daß eine Uhr schlecht ist, wenn wir keine deutliche Vorstellung von einer gewissen Anzahl von gleichen Zwischenräumen haben, die der Zeiger dieser Uhr gleichmäßig durchlaufen muß. Aber wer hätte eine Vorstellung, der zufolge diese Welt von der göttlichen Weisheit abwiche?
Die Auffassung, daß es einen Gott gibt, hat ihre Schwierigkeiten; aber die entgegengesetzte Auffassung führt zu Ungereimtheiten...

Voltaire, Metaphysische Abhandlung, 1734
Übers. von A. Oppenheimer

G.W. Leibniz (1646–1716):

Gäbe es nicht die beste
aller möglichen Welten,
dann hätte Gott überhaupt
keine Welt erschaffen.

Pantheismus der Goethezeit: Die Natur schafft ewig neu

Natur! Wir sind von ihr umgeben und umschlungen – unvermögend aus ihr herauszutreten, und unvermögend tiefer in sie hineinzukommen. Ungebeten und ungewarnt nimmt sie uns in den Kreislauf ihres Tanzes auf und treibt sich mit uns fort, bis wir ermüdet sind und ihrem Arme entfallen.
Sie schafft ewig neue Gestalten; was da ist war noch nie, was war, kommt nicht wieder, – Alles ist neu und doch immer das Alte.
Wir leben mitten in ihr und sind ihr fremde. Sie spricht unaufhörlich mit uns und verrät uns ihr Geheimnis nicht. Wir wirken beständig auf sie und haben doch keine Gewalt über sie.
...
Es ist ein ewiges Leben, Werden und Bewegen in ihr und doch rückt sie nicht weiter. Sie verwandelt sich ewig und ist kein Moment Stillestehen in ihr. Fürs Bleiben hat sie keinen Begriff und ihren Fluch hat sie ans Stillestehen gehängt. Sie ist fest. Ihr Tritt ist gemessen, ihre Ausnahmen selten, ihre Gesetze unwandelbar.
Gedacht hat sie und sinnt beständig; aber nicht als ein Mensch, sondern als Natur. Sie hat sich einen eigenen allumfassenden Sinn vorbehalten, den ihr niemand abmerken kann.
Die Menschen sind all in ihr und sie in allen. Mit allen treibt sie ein freundliches Spiel, und freut sich, je mehr man ihr abgewinnt. Sie treibts mit vielen so im verborgenen, daß sies zu Ende spielt, ehe sies merken.
Auch das Unnatürlichste ist Natur. Wer sie nicht allenthalben sieht, sieht sie nirgendwo recht.
Sie liebet sich selber und haftet ewig mit Augen und Herzen ohne Zahl an sich selbst. Sie hat sich auseinander gesetzt, um sich selbst zu genießen. Immer läßt sie neue Genießer erwachsen, unersättlich sich mitzuteilen.
...
Sie spritzt ihre Geschöpfe aus dem Nichts hervor, und sagt ihnen nicht, woher sie kommen und wohin sie gehen, sie sollen nur laufen; die Bahn kennt sie.
...
Man gehorcht ihren Gesetzen, auch wenn man ihnen widerstrebt, man wirkt mit ihr, auch wenn man gegen sie wirken will.
...
Sie ist alles. Sie belohnt sich selbst und bestraft sich selbst, erfreut und quält sich selbst. Sie ist rauh und gelinde, lieblich und schröklich, kraftlos und allgewaltig. Alles ist immer da in ihr. Vergangenheit und Zukunft kennt sie nicht. Gegenwart ist ihr Ewigkeit. Sie ist gütig. Ich preise sie mit allen ihren Werken. Sie ist weise und still. Man reißt ihr keine Erklärung vom Leibe, trutzt ihr kein Geschenk ab, das sie nicht freiwillig gibt. Sie ist listig, aber zu gutem Ziele, und am besten ists, ihre List nicht zu merken.
Sie ist ganz und doch immer unvollendet. So wie sies treibt, kann sies immer treiben. Jedem erscheint sie in einer eigenen Gestalt. Sie verbirgt sich in tausend Namen und Termen und ist immer dieselbe.
...

Die Natur, Fragment, aus dem »Tiefurter Journal« 1783

Vier Zeiten. MORGEN. von Philipp Otto Runge

Rahmen: Ph. O. Runge, Der Morgen (Hamburger Kunsthalle)

Nach F. Bonneville, Das höchste Wesen, 1794
Kupferstich von J. B. Compagne
(Hamburger Kunsthalle)

Christian Fürchtegott Gellert (1715–1769):

»Wenn ich, o Schöpfer, deine Macht anbetend überlege«

Wenn ich, o Schöpfer, deine Macht,
Die Weisheit deiner Wege,
Die Liebe, die für alle wacht,
Anbetend überlege,
So weiß ich, von Bewundrung voll,
Nicht, wie ich dich erheben soll,
Mein Gott, mein Herr und Vater.

Mein Auge sieht, wohin es blickt,
Die Wunder deiner Werke.
Der Himmel, prächtig
ausgeschmückt,
Preist dich, du Gott der Stärke.
Wer hat die Sonn an ihm erhöht?
Wer kleidet sie mit Majestät?
Wer ruft dem Heer der Sterne?

Der Mensch, ein Leib, den deine
Hand
So wunderbar bereitet,
Der Mensch, ein Geist, den sein
Verstand
Dich zu erkennen leitet,
Der Mensch, der Schöpfung Ruhm
und Preis,
Ist sich ein täglicher Beweis
Von deiner Güt und Größe.

Erheb ihn ewig, o mein Geist,
Erhebe seinen Namen!
Gott unser Vater sei gepreist,
Und alle Welt sag' Amen!
Und alle Welt fürcht' ihren Herrn
Und hoff' auf ihn und dien' ihm gern!
Wer wollte Gott nicht dienen?

»Herr, stärke mich«

Herr, stärke mich, dein Leiden zu
bedenken,
Mich in das Meer der Liebe zu
versenken,
Die dich bewog, von aller Schuld des
Bösen
Uns zu erlösen!

Gott ist gerecht, ein Rächer alles
Bösen;
Gott ist die Lieb und läßt die Welt
erlösen.
Dies kann mein Geist mit Schrecken
und Entzücken
Am Kreuz erblicken.

Es schlägt den Stolz und mein
Verdienst darnieder,
Es stürzt mich tief und es erhebt mich
wieder,
Lehrt mich mein Glück, macht mich
aus Gottes Feinde
Zu Gottes Freunde.

O Herr, mein Heil, an dessen Blut ich
glaube,
Ich liege hier vor dir gebückt im
Staube,
Verliere mich mit dankendem
Gemüte
In deine Güte.

Laß deinen Geist mich stets, mein
Heiland lehren,
Dein göttlich Kreuz im Glauben zu
verehren,
Daß ich getreu in dem Beruf der Liebe
Mich christlich übe!

Das Gute tun, das Böse fliehn und
meiden,
Herr, diese Pflicht lehrt mich dein
heilig Leiden.
Kann ich zugleich das Böse mir
erlauben
Und an dich glauben?

23 Der Zusammenhang von Theismus und Atheismus

Theismus und Atheismus gehen in ihrer gegenseitigen Bekämpfung davon aus, daß Gott und Mensch im Grunde eines Wesens sind. Was man darum Gott zuschreibt, muß man dem Menschen genommen haben, und was man umgekehrt dem Menschen zuschreibt, muß man Gott genommen haben. Der Theismus denkt Gott auf Kosten des Menschen als ein übermächtiges, vollkommenes und unendliches Wesen. Folglich erscheint hier der Mensch als ein ohnmächtiges, unvollkommenes und endliches Wesen... Ein Gott, der in seiner Allmacht, Vollkommenheit und Unendlichkeit auf Kosten des Menschen gedacht wird, kann nicht der Gott sein, der im Kreuz Jesu Liebe ist, der menschlich begegnet, um unglücklichen und stolzen Göttern ihre verlassene Menschlichkeit wiederzubringen, der »arm wird, um viele reich zu machen«. Gott auf Kosten des Menschen gedacht, kann nicht der Vater Jesu Christi sein...

Die Absage an den unmenschlichen Gott, an einen Gott ohne Jesus, ist für den befreiten Glaubenden um des Kreuzes willen unerläßlich. Hier liegt das Recht des »christlichen Atheismus«.

Der gegen jenen *politischen, moralischen und philosophischen* Theismus rebellierende Atheismus ist aber besonders in der Neuzeit so lange selbst nichts anderes als ein Theismus mit umgekehrtem Vorzeichen, wie er sich nicht von seinem Gegner löst. Er denkt den Menschen auf Kosten Gottes als ein mächtiges, vollkommenes und unendliches und schöpferisches Wesen. Er macht »den Menschen zum höchsten Wesen für den Menschen« (Marx) und wendet zum Zwecke der Menschwerdung des Menschen alle alten theistischen Gottesprädikate auf den Menschen an: Nicht Gott schuf den Menschen nach seinem Bilde, sondern der Mensch schafft sich seine Götter nach seinem Bilde. Der Mensch ist Grund und Schöpfer seiner selbst (causa sui). Die Menschheit ist in ihrer Ganzheit vollkommen und unendlich. Je mehr der humanistische Atheismus den theistischen Gott ... entthront, um so mehr hebt er den mit den enteigneten Hoheitszeichen Gottes geschmückten Menschen auf den Thron...

Atheismus ist nach Feuerbach die Preisgabe eines von der Welt und vom Menschen getrennten, außerhalb der Welt hockenden Gottes. Wird aber dieser theistische Gott preisgegeben, wo ist er dann? Wird nicht die mit dem theistischen Gott mitgedachte Machtposition beibehalten? – Gott ist dann der zu sich gekommene Mensch selbst, und der Mensch selbst ist dann Gott. Gott und Mensch sind dann nicht mehr getrennt und religiös voneinander entfremdet, sondern eines Wesens. Dieser antitheistische Atheismus führt unausweichlich zum Anthropotheismus, zur Vergottung des Menschen, der Menschheit und jener Parteien, die beanspruchen, als Kader die nicht-entfremdete, göttliche Menschheit im Reich der Entfremdung zu vertreten. Ist für diesen Atheismus zuletzt der »Mensch des Menschen Gott«, so mag das als Ideal gegen den Zustand, wo der Mensch des Menschen Wolf ist, moralisch schön sein. 100 Jahre Erfahrung mit diesem Anthropotheismus haben aber gezeigt, daß auch diese Menschengötter des Menschen Wolf werden konnten. Heißt die Konsequenz aus Feuerbachs Entthronung Gottes, daß dann »der Staat der unbeschränkte, unendliche, wahre, vollendete göttliche Mensch« ist und die »Politik zur Religion« gemacht wird, so kehrt die Geschichte von Atheismus versus Theismus wieder an ihren Anfang zurück, und es wäre der alte Theismus relativ menschlicher zu nennen, sofern er Gott die Eigenschaften und Funktionen zuschreibt, die der Mensch gegenüber anderen Menschen besser nicht ausübt. Ist Gott ein anderer als der Mensch, so kann ein Mensch wenigstens nicht über andere Menschen Gott spielen.

Die Anthropotheisten der Neuzeit von Feuerbach bis Rilke, von Marx bis Bloch, haben im Enthusiasmus ihrer Religionsbeerbung doch wohl die dunklen Seiten des Bösen im Menschen und die Aporien des Leidens in der Welt übersehen.

Mit der trinitarischen Kreuzestheologie entgeht der Glaube dem Streit und der Alternative von Theismus und Atheismus: Gott ist nicht nur jenseitig, sondern auch diesseitig, er ist nicht nur Gott, sondern auch Mensch, er ist nicht Herrschaft, Autorität und Gesetz, sondern das Geschehen der leidenden, befreienden Liebe. Umgekehrt ist der Tod des Sohnes nicht der »Tod Gottes«, sondern der Anfang jenes Gottesgeschehens, in welchem aus dem Tod des Sohnes und dem Schmerz des Vaters der lebendigmachende Geist der Liebe hervorgeht.

Jürgen Moltmann, Der gekreuzigte Gott, Chr. Kaiser Verlag, München 1973², 236–239

24 Erscheinungsformen des Atheismus

Franzisco Goya, Der Traum der Vernunft erzeugt Ungeheuer, 1797–1798 (Hamburger Kunsthalle)

»Die Phantasie, von der Vernunft verlassen, bringt unmögliche Monstren hervor. Vereint mit ihr, ist sie die Mutter der Künste und der Ursprung der Wunder.«

Ebensowenig wie der Gottesglaube ist auch der Atheismus ein einheitliches Gebilde. Es ist also sinnvoll, verschiedene Formen des Atheismus voneinander zu unterscheiden:
Der *methodische Atheismus* ist kennzeichnend für die moderne naturwissenschaftliche Erkenntnis. Er verdankt sich zum einen der Einsicht, daß exakte Wissenschaften ihre Aussagen nicht über den Bereich gegenständlicher Erfahrung hinaus ausweiten können und dürfen. Zum anderen beruht er auf der theologischen Erkenntnis, daß Gott als die ›alles bestimmende Wirklichkeit‹ grundsätzlich kein Gegenstand objektivierender Erkenntnis sein kann (Bultmann). Im Sinne empirischer Wissenschaft ›gibt‹ es Gott nicht! – Da aber Naturwissenschaft sich in ihrer Methode nach ihrem Erkenntnisobjekt richten will, rechnet sie weder mit Gott als Erklärungshypothese, noch macht sie überhaupt theologische Aussagen. Sie praktiziert deshalb einen methodisch notwendigen Atheismus.
Der *wirkliche Atheismus* dagegen tut nicht bloß so, als ob es keinen Gott gäbe (›etsi deus non daretur‹), sondern er leugnet bzw. bestreitet die Existenz Gottes ausdrücklich. Dabei kann man wieder zwischen einem ›bewußten‹ oder theoretischen und einem ›unbewußten‹ oder praktischen Atheismus unterscheiden.
Wesentlich für den *praktischen Atheismus* ist die Gleichgültigkeit gegenüber der Gottesfrage. Man erwartet von ihrer Beantwortung keine Folgen mehr für das gesellschaftliche und persönliche Leben: Gott ist einfach überflüssig geworden!
Der *theoretische Atheismus* ist dagegen die bewußte und begründete Ablehnung Gottes, verbunden mit dem Versuch, an die Stelle des Gottesglaubens eine bessere, aufgeklärtere Lebenshaltung zu setzen: Ein vernunftgemäßes und eigenverantwortliches Leben allein gewährleistet die wahre Humanität des Menschen. Er soll vor realitätsfremden Urteilen und gefährlichen Illusionen bewahrt und zum Aufbau einer besseren Welt ermutigt werden. Bei einer sachgerechten Auseinandersetzung wird also immer auch zu fragen sein, welches das Anliegen der jeweiligen Religionskritik ist, wie dies zu bewerten ist und ob die Religionskritik ihrem eigenen Anliegen auch gerecht werden kann.

Innerhalb des theoretischen Atheismus lassen sich verschiedene Grundpositionen nach ihrer jeweiligen Begründung für die Ablehnung Gottes unterscheiden. In der Praxis lassen sich jedoch die folgenden fünf Hauptargumente nie völlig voneinander trennen:
1. Der Glaube an Gott widerspricht vernünftiger und naturgemäßer Wirklichkeitserkenntnis; er ist ein unglücklich machendes ›Hirngespinst‹.
2. Das unschuldige Leiden der Kreatur widerspricht der Existenz eines liebenden Gottes.
3. Aussagen über Gott sind weder verifizierbar noch falsifizierbar – also sinnlos.
4. Religion ist eine – psychologisch und soziologisch erklärbare – Illusion.
5. Gott ist unglaubwürdig geworden; die Menschen sind auf sich allein gestellt.

25 Gott – ein Hirngespinst

Paul Thiry d'Holbach (1723–1789): Es gibt nur eine Wahrheit

Der Mensch ist nur darum unglücklich, weil er die Natur verkennt. Sein Geist ist durch Vorurteile derart verseucht, daß man glauben könnte, er sei für immer zum Irrtum verdammt: er ist mit dem Schleier der Anschauungen, den man von Kindheit an über ihn breitet, so fest verwachsen, daß er nur mit der größten Mühe daraus gelöst werden kann. Ein gefährlicher Gärstoff ist allen seinen Kenntnissen beigemischt und macht sie notwendig schwankend, unklar und falsch: er wollte zu seinem Unglück die Grenzen seiner Sphäre überschreiten und versuchte, sich über die sichtbare Welt zu erheben; und unaufhörlich belehrten ihn wiederholte schreckliche Rückfälle vergeblich über die Torheit seines Unternehmens: er wollte Metaphysiker sein, ehe er Physiker war: er verachtete die Wirklichkeit, um über Hirngespinste nachzusinnen; er vernachlässigte die Erfahrung, um sich an Systemen und Vermutungen zu erbauen; er wagte nicht, seine Vernunft zu pflegen, gegen die ihn einzunehmen man frühzeitig Sorge getragen hatte; er wollte wissen, welches Schicksal ihn in den imaginären Regionen eines jenseitigen Lebens erwartete, ehe er daran dachte, an dem Ort glücklich zu werden, wo er lebte. Kurz: der Mensch mißachtete das Studium der Natur, um Phantomen nachzulaufen, die ihn wie die Irrlichter, die der Wanderer des Nachts erblickt, erschreckten, ihn blendeten und ihn vom einfachen Wege des Wahren abbrachten, ohne den er nicht zum Glück gelangen kann.

Es ist also wichtig, daß man sich bemüht, die Blendwerke zu zerstören, die nur geeignet sind, uns irrezuführen. Es ist an der Zeit, gegen die Übel, welche die Schwärmerei über uns gebracht hat, Heilmittel aus der Natur zu schöpfen: die von der Erfahrung geleitete Vernunft muß endlich die Vorurteile, denen das Menschengeschlecht so lange verfallen ist, an der Wurzel packen. Es ist an der Zeit, daß die ungerechtfertigterweise herabgesetzte Vernunft den kleinmütigen Ton aufgibt, der sie zum Mitschuldigen der Lüge und des Irrsinns macht. Es gibt nur eine Wahrheit; sie ist für den Menschen notwendig, sie kann ihm niemals schaden, ihre unbesiegbare Macht wird sich früher oder später offenbaren. Daher muß sie dem menschlichen Geschlecht enthüllt werden; ihre Reize müssen ihm gezeigt werden, damit es mit Widerwillen gegen den schmachvollen Kult erfüllt werde, den es dem Irrtum weiht, welcher sich allzuoft unter der Maske der Wahrheit ungerechtfertigte Huldigungen erwirbt; ihr Glanz kann allein den Feinden des Menschengeschlechts schaden, deren Macht sich nur in der dunklen Nacht behauptet, die sie über den menschlichen Geist ausbreiten.

Nicht zu diesen verderbten Menschen soll die Wahrheit sprechen; ihre Stimme wird nur von rechtschaffenen Menschen vernommen, die an eigenes Denken gewöhnt sind und Gefühl genug besitzen, um die unzähligen Leiden zu beklagen, die der Erde durch religiöse und politische Tyrannei zugefügt werden, und die aufgeklärt genug sind, um die unermeßliche Kette der Übel wahrzunehmen, unter denen das bedrückte Menschengeschlecht zu allen Zeiten durch den Irrtum hat leiden müssen. Dem Irrtum verdanken wir die drückenden Ketten, die die Despoten und die Priester überall den Völkern schmieden. Dem Irrtum verdanken wir die Sklaverei, in der fast in allen Ländern die Völker schmachten, welche die Natur dazu bestimmte, frei für ihr Glück zu arbeiten. Dem Irrtum verdanken wir die religiösen Schrecken, die überall die Menschen in Furcht erstarren und für Hirngespinste sich niedermetzeln lassen. Dem Irrtum verdanken wir die eingewurzelten Feindschaften, die barbarischen Verfolgungen, das fortwährende Blutvergießen und die empörenden Tragödien, deren Schauplatz die Erde unter dem Vorwand, daß man den Interessen des Himmels diene, so häufig geworden ist. Schließlich verdanken wir den durch die Religion geheiligten Irrtümern die Unwissenheit und die Ungewißheit, in der sich der Mensch über seine offenbarsten Pflichten, über seine augenscheinlichsten Rechte und über die unanfechtbarsten Wahrheiten befindet. Fast unter jedem Himmelsstrich ist er nichts weiter als ein herabgewürdigter Sklave ohne Seelengröße, Vernunft und Tugend, dem die unmenschlichen Kerkermeister niemals erlauben, das Tageslicht zu erblicken.

Paul Thiry d'Holbach, System der Natur oder von den Grenzen der physischen und moralischen Welt, 1770
Aus dem Französischen übers. von F. G. Voigt, Suhrkamp Taschenbuch Verlag (stw 259), Frankfurt 1978, 11f.

> Anselm von Canterbury:
> Ich glaube, damit ich erkenne.
> (Credo ut intelligam)

26 Leiden – der ›Fels des Atheismus‹

Georg Büchner (1813–1837): »Es gibt keinen Gott...«

Georg Büchner hat in seinem Drama »Dantons Tod« die Spätphase der Französischen Revolution verarbeitet: Während Robbespierre mit unerbittlicher Strenge und konsequentem Machtwillen jeden Widerstand bricht, hat sich Danton einem gemäßigten Flügel angeschlossen, der für die Beendigung des Blutvergießens eintritt. Als er selber von Robbespierre des Hochverrats bezichtigt wird, denkt Danton nicht mehr an Auflehnung und Kampf, sondern sehnt sich nur noch nach endgültiger Ruhe.
Im dritten Akt läßt Büchner Danton und seine Anhänger zusammen mit anderen Häftlingen im Untersuchungsgefängnis auf ihre Hinrichtung warten. Den Tod vor Augen, beginnen sie nach dem Sinn ihres Lebens und Leidens zu fragen. In dieser ausweglosen Lage führt der Engländer Payne – im Gegenzug zu den ›Gottesbeweisen‹ der Scholastik – den folgenden ironisch-scharfsinnigen »Beweis des Atheismus«:

Käthe Kollwitz, Tod packt eine Frau (VG Bild-Kunst Bonn 1988, Foto: Archiv für Kunst und Geschichte)

Payne: Es gibt keinen Gott, denn: Entweder hat Gott die Welt geschaffen oder nicht. Hat er sie nicht geschaffen, so hat die Welt ihren Grund in sich, und es gibt keinen Gott, da Gott nur dadurch Gott wird, daß er den Grund alles Seins enthält. Nun kann aber Gott die Welt nicht geschaffen haben; denn entweder ist die Schöpfung ewig wie Gott, oder sie hat einen Anfang. Ist letzteres der Fall, so muß Gott sie zu einem bestimmten Zeitpunkt geschaffen haben, Gott muß also, nachdem er eine Ewigkeit geruht, einmal tätig geworden sein, muß also einmal eine Veränderung in sich erlitten haben, die den Begriff *Zeit* auf ihn anwenden läßt, was beides gegen das Wesen Gottes streitet. Gott kann also die Welt nicht geschaffen haben. Da wir nun aber sehr deutlich wissen, daß die Welt oder daß unser Ich wenigstens vorhanden ist und daß sie dem Vorhergehenden nach also auch ihren Grund in sich oder in etwas haben muß, das nicht Gott ist, so kann es keinen Gott geben. Quod erat demonstrandum. [...]
Mercier: Halten Sie, Payne! Wenn aber die Schöpfung ewig ist?
Payne: Dann ist sie schon keine Schöpfung mehr, dann ist sie eins mit Gott oder ein Attribut desselben, wie Spinoza sagt; dann ist Gott in allem, in Ihnen, Wertester, im Philosoph Anaxagoras und in mir. Das wäre so übel nicht, aber Sie müssen mir zugestehen, daß es gerade nicht viel um die himmlische Majestät ist, wenn der liebe Herrgott in jedem von uns Zahnweh kriegen, den Tripper haben, lebendig begraben werden oder wenigstens die sehr unangenehmen Vorstellungen davon haben kann.
Mercier: Aber eine Ursache muß doch da sein.

Albert Camus:

Ich werde mich bis in den Tod hinein weigern, die Schöpfung zu lieben, in der Kinder gemartert werden.

Payne: Wer leugnet dies? Aber wer sagt Ihnen denn, daß diese Ursache das sei, was wir uns als Gott, d. h. als das Vollkommne denken? Halten Sie die Welt für vollkommen?
Mercier: Nein.
Payne: Wie wollen Sie denn aus einer unvollkommnen Wirkung auf eine vollkommne Ursache schließen? [...]
Mercier: Ich frage dagegen: kann eine vollkommne Ursache eine vollkommne Wirkung haben, d. h. kann etwas Vollkommnes was Vollkommnes schaffen? Ist das nicht unmöglich, weil das Geschaffne doch nie seinen Grund in sich haben kann, was doch, wie Sie sagten, zur Vollkommenheit gehört?
Chaumette: Schweigen Sie! Schweigen Sie!
Payne: Beruhige dich, Philosoph! – Sie haben recht; aber muß denn Gott einmal schaffen, kann er nur was Unvollkommnes schaffen, so läßt er es gescheuter ganz bleiben. Ist's nicht sehr menschlich, uns Gott nur als schaffend denken zu können? Weil wir uns immer regen und schütteln müssen, um uns nur immer sagen zu können: wir sind! müssen wir Gott auch dies elende Bedürfnis andichten? – Müssen wir, wenn sich unser Geist in das Wesen einer harmonisch in sich ruhenden, ewigen Seligkeit versenkt, gleich annehmen, sie müsse die Finger ausstrecken und über Tisch Brotmännchen kneten? aus überschwenglichem Liebesbedürfnis, wie wir uns ganz geheimnisvoll in die Ohren sagen. Müssen wir das alles, bloß um uns zu Göttersöhnen zu machen? Ich nehme mit einem geringern Vater vorlieb; wenigstens werd ich ihm nicht nachsagen können, daß er mich unter seinem Stande in Schweineställen oder auf den Galeeren habe erziehen lassen.
Schafft das Unvollkommne weg, dann allein könnt ihr Gott demonstrieren; Spinoza hat es versucht. Man kann das Böse leugnen, aber nicht den Schmerz: nur der Verstand kann Gott beweisen, das Gefühl empört sich dagegen. Merke dir es, Anaxagoras: warum leide ich? Das ist der Fels des Atheismus. Das leiseste Zucken des Schmerzes, und rege es sich nur in einem Atom, macht einen Riß in der Schöpfung von oben bis unten.
Mercier: Und die Moral?
Payne: Erst beweist ihr Gott aus der Moral und dann die Moral aus Gott! – Was wollt ihr denn mit eurer Moral? Ich weiß nicht, ob es an und für sich was Böses oder was Gutes gibt, und habe deswegen doch nicht nötig, meine Handlungsweise zu ändern. Ich handle meiner Natur gemäß...

Georg Büchner, Dantons Tod. Ein Drama, Philipp Reclam jun. Verlag, Stuttgart 1986 (Universal-Bibliothek Nr. 6060), 46, 47, 48

Dietrich Bonhoeffer vor seiner Hinrichtung:

»Das ist das Ende – für mich der Beginn des Lebens.«

27 Gott ist nicht faßbar

Emil Nolde, Der große Gärtner, 1940, Öl auf Leinwand (Stiftung Seebüll Ada und Emil Nolde)

Antony Flew (geb. 1923): Die Parabel vom Gärtner

Es waren einmal zwei Forscher, die stießen auf eine Lichtung im Dschungel, in der unter vielem Unkraut allerlei Blumen wuchsen. Da sagt der eine: »Ein Gärtner muß dieses Stück Land pflegen.« Der andere widerspricht: »Es gibt hier keinen Gärtner.« Sie schlagen daher ihre Zelte auf und stellen eine Wache auf. Kein Gärtner ließ sich jemals blikken. »Vielleicht ist es ein unsichtbarer Gärtner.« Darauf ziehen sie einen Stacheldrahtzaun, setzen ihn unter Strom und patroullieren mit Bluthunden. Keine Schreie aber lassen je vermuten, daß ein Eindringling einen Schlag bekommen hätte. Keine Bewegung des Zauns verrät je einen unsichtbaren Kletterer. Die Bluthunde schlagen nie an. Doch der Gläubige ist immer noch nicht überzeugt: »Aber es gibt doch einen Gärtner, unsichtbar, unkörperlich und unempfindlich gegen elektrische Schläge, einen Gärtner, der nicht gewittert und nicht gehört werden kann, einen Gärtner, der heimlich kommt, um sich um seinen geliebten Garten zu kümmern.« Schließlich geht dem Skeptiker die Geduld aus: »Was bleibt eigentlich von deiner ursprünglichen Behauptung noch übrig? Wie unterscheidet sich denn das, was du einen unsichtbaren, unkörperlichen, ewig unfaßbaren Gärtner nennst, von einem imaginären Gärtner oder von überhaupt keinem Gärtner?«

Antony Flew, Theologie und Falsifikation, in: I. U. Dalferth, Sprachlogik des Glaubens, Chr. Kaiser Verlag, München 1974, 84–87 (in Auszügen)

Dietrich Bonhoeffer: »Einen Gott, den es gibt, gibt es nicht.«

28 Religion ist Illusion

Ludwig Feuerbach (1804–1872): Das göttliche Wesen ist nichts anderes als das menschliche Wesen

Bei dem religiösen Gegenstand fällt das Bewußtsein mit dem Selbstbewußtsein unmittelbar zusammen. Der sinnliche Gegenstand ist *außer* dem Menschen da, der religiöse *in ihm,* ein selbst innerlicher – darum ein Gegenstand, der ihn ebensowenig verläßt, als ihn sein Selbstbewußtsein, sein Gewissen verläßt – ...

Und hier gilt daher ohne alle Einschränkung der Satz: der Gegenstand des Menschen ist nichts andres als sein gegenständliches Wesen selbst. Wie der Mensch denkt, wie er gesinnt ist, so ist sein Gott: so viel Wert der Mensch hat, so viel Wert und nicht mehr hat sein Gott. Das Bewußtsein Gottes ist das Selbstbewußtsein des Menschen, die Erkenntnis Gottes die Selbsterkenntnis des Menschen. Aus seinem Gotte erkennst du den Menschen, und wiederum aus dem Menschen seinen Gott; beides ist eins. Was dem Menschen Gott ist, das ist sein Geist, seine Seele, und was des Menschen Geist, seine Seele, sein Herz, das ist sein Gott: Gott ist das offenbare Innere, das ausgesprochne Selbst des Menschen; ...

Wenn aber die Religion, das Bewußtsein Gottes, als das Selbstbewußtsein des Menschen bezeichnet wird, so ist dies nicht so zu verstehen, als wäre der religiöse Mensch sich direkt bewußt, daß sein Bewußtsein von Gott das Selbstbewußtsein seines Wesens ist, denn der Mangel dieses Bewußtseins begründet eben das eigentümliche Wesen der Religion. Um diesen Mißverstand zu beseitigen, ist es besser zu sagen: die Religion ist das erste und zwar indirekte Selbstbewußtsein des Menschen. Die Religion geht daher überall der Philosophie voran, wie in der Geschichte der Menschheit, so auch in der Geschichte der einzelnen. Der Mensch verlegt sein Wesen zuerst außer sich, ehe er es in sich findet. Das eigne Wesen ist ihm zuerst als ein andres Wesen Gegenstand. Die Religion ist das kindliche Wesen der Menschheit; aber das Kind sieht sein Wesen, den Menschen außer sich – als Kind ist der Mensch sich als ein andrer Mensch Gegenstand. Der geschichtliche Fortgang in den Religionen besteht deswegen darin, daß das, was der frühern Religion für etwas Objektives galt, jetzt als etwas Subjektives, d. h. was als Gott angeschaut und angebetet wurde, jetzt als etwas Menschliches erkannt wird ...

Die Religion, wenigstens die christliche, ist das Verhalten des Menschen zu sich selbst, oder richtiger: zu seinem Wesen, aber das Verhalten zu seinem Wesen als zu einem andern Wesen. Das göttliche Wesen ist nichts andres als das menschliche Wesen oder besser: das Wesen des Menschen, abgesondert von den Schranken des individuellen, d. h. wirklichen, leiblichen Menschen, vergegenständlicht, d. h. angeschaut und verehrt als ein andres, von ihm unterschiednes, eignes Wesen – alle Bestimmungen des göttlichen Wesens sind darum Bestimmungen des menschlichen Wesens ...

Du glaubst an die Liebe als eine göttliche Eigenschaft, weil du selbst liebst, du glaubst, daß Gott ein weises, ein gütiges Wesen ist, weil du nichts Besseres von dir kennst als Güte und Verstand, und du glaubst, daß Gott existiert, daß er also Subjekt oder Wesen ist, weil du selbst existierst, selbst Wesen bist. Du kennst kein höheres menschliches Gut, als zu lieben, als gut und weise zu sein, und ebenso kennst du kein höheres Glück, als überhaupt zu existieren, Wesen zu sein; denn das Bewußtsein alles Guten, alles Glückes ist dir an das Bewußtsein des Wesenseins, der Existenz gebunden ...

Ein wahrer Atheist, d. h. ein Atheist im gewöhnlichen Sinne, ist daher auch nur der, welchem die Prädikate des göttlichen Wesens, wie z. B. die Liebe, die Weisheit, die Gerechtigkeit Nichts sind, aber nicht der, welchem nur das Subjekt dieser Prädikate Nichts ist. Und keineswegs ist die Verneinung des Subjekts auch notwendig zugleich die Verneinung der Prädikate an sich selbst. Die Prädikate haben eine eigne, selbständige Bedeutung; sie dringen durch ihren Inhalt dem Menschen ihre Anerkennung auf; sie erweisen sich ihm unmittelbar durch sich selbst als wahr; sie betätigen, bezeugen sich selbst.

Ludwig Feuerbach, Das Wesen des Christentums, 1849[3] (1841), Philipp Reclam jun. Verlag, Stuttgart 1978, 52f., 54f., 60f., 64f.

Hans Küng:
Der Glaube an die gute Menschennatur und den menschlichen Fortschritt steht selber unter Projektionsverdacht.

Karl Marx (1818–1883): Religion ist Opium des Volks

Für Deutschland ist die *Kritik der Religion* im wesentlichen beendigt, und die Kritik der Religion ist die Voraussetzung aller Kritik.

Die *profane* Existenz des Irrtums ist kompromittiert, nachdem seine *himmlische oratio pro aris et focis* widerlegt ist. Der Mensch, der in der phantastischen Wirklichkeit des Himmels, wo er einen Übermenschen suchte, nur den *Widerschein* seiner selbst gefunden hat, wird nicht mehr geneigt sein, nur den *Schein* seiner selbst, nur den Unmenschen zu finden, wo er seine wahre Wirklichkeit sucht und suchen muß.

Das Fundament der irreligiösen Kritik ist: *Der Mensch macht die Religion,* die Religion macht nicht den Menschen. Und zwar ist die Religion das Selbstbewußtsein und das Selbstgefühl des Menschen, der sich selbst entweder noch nicht erworben oder schon wieder verloren hat. Aber *der Mensch,* das ist kein abstraktes, außer der Welt hockendes Wesen. Der Mensch, das ist *die Welt des Menschen,* Staat, Sozietät. Dieser Staat, diese Sozietät produzieren die Religion, ein *verkehrtes Weltbewußtsein,* weil sie eine *verkehrte Welt* sind. Die Religion ist die allgemeine Theorie dieser Welt, ihr enzyklopädisches Kompendium, ihre Logik in populärer Form, ihr spiritualistischer Point-d'honneur, ihr Enthusiasmus, ihre moralische Sanktion, ihre feierliche Ergänzung, ihr allgemeiner Trost- und Rechtfertigungsgrund. Sie ist die *phantastische Verwirklichung* des menschlichen Wesens, weil das *menschliche Wesen* keine wahre Wirklichkeit besitzt. Der Kampf gegen die Religion ist also mittelbar der Kampf gegen *jene Welt,* deren geistiges *Aroma* die Religion ist.

Das *religiöse* Elend ist in einem der *Ausdruck* des wirklichen Elendes und in einem die *Protestation* gegen das wirkliche Elend. Die Religion ist der Seufzer der bedrängten Kreatur, das Gemüt einer herzlosen Welt, wie sie der Geist geistloser Zustände ist. Sie ist das *Opium* des Volks.

Die Aufhebung der Religion als des *illusorischen* Glücks des Volkes ist die Forderung seines *wirklichen* Glücks. Die Forderung, die Illusionen über seinen Zustand aufzugeben, ist die *Forderung, einen Zustand aufzugeben, der der Illusionen bedarf.* Die Kritik der Religion ist also im *Keim* die *Kritik des Jammertales,* dessen *Heiligenschein* die Religion ist.

Die Kritik hat die imaginären Blumen an der Kette zerpflückt, nicht damit der Mensch die phantasielose, trostlose Kette trage, sondern damit er die Kette abwerfe und die lebendige Blume breche. Die Kritik der Religion enttäuscht den Menschen, damit er denke, handle, seine Wirklichkeit gestalte wie ein enttäuschter, zu Verstand gekommener Mensch, damit er sich um sich selbst und damit um seine wirkliche Sonne bewege. Die Religion ist nur die illusorische Sonne, die sich um den Menschen bewegt, solange er sich nicht um sich selbst bewegt.

Es ist also die *Aufgabe der Geschichte,* nachdem das *Jenseits der Wahrheit* verschwunden ist, die *Wahrheit des Diesseits* zu etablieren. Es ist zunächst die Aufgabe der *Philosophie,* die im Dienste der Geschichte steht, nachdem die *Heiligengestalt* der menschlichen Selbstentfremdung entlarvt ist, die Selbstentfremdung in ihren *unheiligen Gestalten* zu entlarven. Die Kritik des Himmels verwandelt sich damit in die Kritik der Erde, die *Kritik der Religion* in die *Kritik des Rechts,* die *Kritik der Theologie* in die *Kritik der Politik.* [...]

Die Waffe der Kritik kann allerdings die Kritik der Waffen nicht ersetzen, die materielle Gewalt muß gestürzt werden durch materielle Gewalt, allein auch die Theorie wird zur materiellen Gewalt, sobald sie die Massen ergreift. Die Theorie ist fähig, die Massen zu ergreifen, sobald sie *ad hominem* demonstriert, und sie demonstriert *ad hominem,* sobald sie radikal wird. Radikal sein ist, die Sache an der Wurzel fassen. Die Wurzel für den Menschen ist aber der Mensch selbst. Der evidente Beweis für den Radikalismus der deutschen Theorie, also für ihre praktische Energie, ist ihr Ausgang von der entschiedenen *positiven* Aufhebung der Religion. Die Kritik der Religion endet mit der Lehre, daß der *Mensch das höchste Wesen für den Menschen* sei, also mit dem *kategorischen Imperativ, alle Verhältnisse umzuwerfen,* in denen der Mensch ein erniedrigtes, ein geknechtetes, ein verlassenes, ein verächtliches Wesen ist.

Karl Marx, Zur Kritik der Hegelschen Rechtsphilosophie, Einleitung, in: Karl Marx, Friedrich Engels, Studienausgabe in 4 Bänden, hrsg. von Iring Fetscher, Fischerbücherei Nr. 764, Frankfurt 1966, 17f., 24

> Georg Picht:
> Man muß an Gott glauben, wenn man den Glauben an die verborgene Zukunft des Menschengeschlechts nicht verlieren soll.

Sigmund Freud (1856–1939): Der Mensch kann nicht ewig Kind bleiben

In vergangenen Zeiten haben die religiösen Vorstellungen trotz ihres unbestreitbaren Mangels an Beglaubigung den allerstärksten Einfluß auf die Menschheit geübt. Das ist ein neues psychologisches Problem. Man muß fragen, worin besteht die innere Kraft dieser Lehren, welchem Umstand verdanken sie ihre von der vernünftigen Anerkennung unabhängige Wirksamkeit? ...

Ich meine, wir haben die Antwort auf beide Fragen genügend vorbereitet. Sie ergibt sich, wenn wir die psychische Genese der religiösen Vorstellungen ins Auge fassen. Diese, die sich als Lehrsätze ausgeben, sind nicht Niederschläge der Erfahrung oder Endresultate des Denkens, es sind Illusionen, Erfüllungen der ältesten, stärksten, dringendsten Wünsche der Menschheit; das Geheimnis ihrer Stärke ist die Stärke dieser Wünsche. Wir wissen schon, der schreckende Eindruck der kindlichen Hilflosigkeit hat das Bedürfnis nach Schutz – Schutz durch Liebe – erweckt, dem der Vater abgeholfen hat, die Erkenntnis von der Fortdauer dieser Hilflosigkeit durchs ganze Leben hat das Festhalten an der Existenz eines – aber nun mächtigeren Vaters – verursacht. Durch das gütige Walten der göttlichen Vorsehung wird die Angst vor den Gefahren des Lebens beschwichtigt, die Einsetzung einer sittlichen Weltordnung versichert die Erfüllung der Gerechtigkeitsforderung, die innerhalb der menschlichen Kultur so oft unerfüllt geblieben ist, die Verlangerung der irdischen Existenz durch ein zukünftiges Leben stellt den örtlichen und zeitlichen Rahmen bei, in dem sich diese Wunscherfüllungen vollziehen sollen. Antworten auf Rätselfragen der menschlichen Wißbegierde, wie nach der Entstehung der Welt und der Beziehung zwischen Körperlichem und Seelischem, werden unter den Voraussetzungen dieses Systems entwickelt; es bedeutet eine großartige Erleichterung für die Einzelpsyche, wenn die nie ganz überwundenen Konflikte der Kinderzeit aus dem Vaterkomplex ihr abgenommen und einer von allen angenommenen Lösung zugeführt werden...

Wenden wir uns nach dieser Orientierung wieder zu den religiösen Lehren, so dürfen wir wiederholend sagen: Sie sind sämtlich Illusionen, unbeweisbar, niemand darf gezwungen werden, sie für wahr zu halten, an sie zu glauben. Einige von ihnen sind so unwahrscheinlich, so sehr im Widerspruch zu allem, was wir mühselig über die Realität der Welt erfahren haben, daß man sie – mit entsprechender Berücksichtigung der psychologischen Unterschiede – den Wahnideen vergleichen kann. Über den Realitätswert der meisten von ihnen kann man nicht urteilen ...

Der wissenschaftliche Geist erzeugt eine bestimmte Art, wie man sich zu den Dingen dieser Welt einstellt; vor den Dingen der Religion macht er eine Weile halt, zaudert, endlich tritt er auch hier über die Schwelle. In diesem Prozeß gibt es keine Aufhaltung, je mehr Menschen die Schätze unseres Wissens zugänglich werden, desto mehr verbreitet sich der Abfall vom religiösen Glauben, zuerst nur von den veralteten, anstößigen Einkleidungen desselben, dann aber auch von seinen fundamentalen Voraussetzungen...

Gewiß wird der Mensch sich dann in einer schwierigen Situation befinden, er wird sich seine ganze Hilflosigkeit, seine Geringfügigkeit im Getriebe der Welt eingestehen müssen, nicht mehr der Mittelpunkt der Schöpfung, nicht mehr das Objekt zärtlicher Fürsorge einer gütigen Vorsehung. Er wird in derselben Lage sein wie das Kind, welches das Vaterhaus verlassen hat, in dem es ihm so warm und behaglich war. Aber nicht wahr, der Infantilismus ist dazu bestimmt, überwunden zu werden? Der Mensch kann nicht ewig Kind bleiben, er muß endlich hinaus, ins »feindliche Leben« ...

Dadurch, daß er seine Erwartungen vom Jenseits abzieht und alle freigewordenen Kräfte auf das irdische Leben konzentriert, wird er wahrscheinlich erreichen können, daß das Leben für alle erträglich wird und die Kultur keinen mehr erdrückt. Dann wird er ohne Bedauern mit einem unserer Unglaubensgenossen sagen dürfen:

Den Himmel überlassen wir
Den Engeln und den Spatzen [H. Heine].

Sigmund Freud, Die Zukunft einer Illusion (1927), Studienausgabe Bd. IX, S. Fischer Verlag, Frankfurt 1969, hier: Tb 1982, 163–183 (in Auszügen)

Oskar Pfister:
Ob nicht Freuds Glaube an den Endsieg des Intellekts selber Wunschdenken ist und ob nicht seine Weissagung vom Ende der Religion in einer neuen, »wissenschaftlichen« Illusion begründet ist?

29 Gott ist tot. Wir sind allein

Friedrich Nietzsche (1844–1900): »Der tolle Mensch«

Habt ihr nicht von jenem tollen Menschen gehört, der am hellen Vormittage eine Laterne anzündete, auf den Markt lief und unaufhörlich schrie: »Ich suche Gott! Ich suche Gott!« – Da dort gerade viele von denen zusammenstanden, welche nicht an Gott glaubten, so erregte er ein großes Gelächter. Ist er denn verlorengegangen? sagte der eine. Hat er sich verlaufen wie ein Kind? sagte der andere. Oder hält er sich versteckt? Fürchtet er sich vor uns? Ist er zu Schiff gegangen? ausgewandert? – so schrien und lachten sie durcheinander. Der tolle Mensch sprang mitten unter sie und durchbohrte sie mit seinen Blicken. »Wohin ist Gott?« rief er, »ich will es euch sagen! Wir haben ihn getötet – ihr und ich! Wir alle sind seine Mörder! Aber wie haben wir dies gemacht? Wie vermochten wir das Meer auszutrinken? Wer gab uns den Schwamm, um den ganzen Horizont wegzuwischen? Was taten wir, als wir diese Erde von ihrer Sonne losketteten? Wohin bewegt sie sich nun? Wohin bewegen wir uns? Fort von allen Sonnen? Stürzen wir nicht fortwährend? Und rückwärts, seitwärts, vorwärts, nach allen Seiten? Gibt es noch ein Oben und ein Unten? Irren wir nicht wie durch ein unendliches Nichts? Haucht uns nicht der leere Raum an? Ist es nicht kälter geworden? Kommt nicht immerfort die Nacht und mehr Nacht? Müssen nicht Laternen am Vormittage angezündet werden? Hören wir noch nichts von dem Lärm der Totengräber, welche Gott begraben? Riechen wir noch nichts von der göttlichen Verwesung? – auch Götter verwesen! Gott ist tot! Gott bleibt tot! Und wir haben ihn getötet! Wie trösten wir uns, die Mörder aller Mörder? Das Heiligste und Mächtigste, was die Welt bisher besaß, es ist unter unsern Messern verblutet – wer wischt dies Blut von uns ab? Mit welchem Wasser könnten wir uns reinigen? Welche Sühnefeiern, welche heiligen Spiele werden wir erfinden müssen? Ist nicht die Größe dieser Tat zu groß für uns? Müssen wir nicht selber zu Göttern werden, um nur ihrer würdig zu erscheinen? Es gab nie eine größere Tat – und wer nur immer nach uns geboren wird, gehört um dieser Tat willen in eine höhere Geschichte, als alle Geschichte bisher war!« – Hier schwieg der tolle Mensch und sah wieder seine Zuhörer an: auch sie schwiegen und blickten befremdet auf ihn. Endlich warf er seine Laterne auf den Boden, daß sie in Stücke sprang und erlosch. »Ich komme zu früh«, sagte er dann, »ich bin noch nicht an der Zeit. Dies ungeheure Ereignis ist noch unterwegs und wandert – es ist noch nicht bis zu den Ohren der Menschen gedrungen. Blitz und Donner brauchen Zeit, das Licht der Gestirne braucht Zeit, Taten brauchen Zeit, auch nachdem sie getan sind, um gesehn und gehört zu werden. Diese Tat ist ihnen immer noch ferner als die fernsten Gestirne – und doch haben sie dieselbe getan!« – Man erzählt noch, daß der tolle Mensch desselbigen Tages in verschiedene Kirchen eingedrungen sei und darin sein Requiem aeternam deo angestimmt habe.
Hinausgeführt und zur Rede gesetzt, habe er immer nur dies entgegnet: »Was sind denn diese Kirchen noch, wenn sie nicht die Grüfte und Grabmäler Gottes sind?«

Friedrich Nietzsche, Aphorismus 125, in: Die fröhliche Wissenschaft, 3. Buch, Werke Bd. II., Hrsg. K. Schlechta, 126–128

Georg Picht:

»Der Gott, von dem Nietzsche sagt, er sei tot, ist nicht der Gott der Bibel, sondern der Gott der Philosophen.«

Jean Paul Sartre (1905–1980): Du bist ein Gott, und ich bin frei

In seinem Drama »Die Fliegen« proklamiert Jean-Paul Sartre in der Gestalt des Orest die Autonomie und Selbstverantwortlichkeit des Menschen. – 15 Jahre nach der Ermordung seines Vaters Agamemnon durch Ägisth kehrt Orest in seine Heimatstadt Argos zurück. Die Stadt wird beherrscht von ekelhaften Fliegenschwärmen. Sie symbolisieren die sklavische Angst und »Reue« der Menschen, die einst feige bei der Ermordung zugesehen hatten; zugleich sind sie Ausdruck der Schreckensherrschaft, die der Mordkönig Ägisth mit Hilfe des Gottes Jupiter errichtet hat. Orest glaubt, durch seinen Rachemord an Ägisth seinen »eigenen Weg« gefunden zu haben. Es kommt zu folgendem Dialog:

Orest: Du bist der König der Götter, Jupiter, der König der Steine und Sterne, der König der Meereswogen. Aber der König der Menschen bist du nicht.
Jupiter: Ich bin nicht dein König, schamloser Wurm – wer hat dich denn erschaffen?
Orest: Du! Aber du hättest mich nicht frei erschaffen sollen.
Jupiter: Ich habe dir deine Freiheit gegeben, damit du mir dienst.
Orest: Möglich, aber sie hat sich gegen dich gewendet, und wir können nichts dafür, weder der eine noch der andere.
Jupiter: Aha, das ist eine Entschuldigung.
Orest: Ich entschuldige mich nicht.
Jupiter: Wirklich? Weißt du, daß sie sehr einer Entschuldigung gleicht, diese Freiheit, deren Sklave du dich nennst?
Orest: Ich bin weder Herr noch Knecht, Jupiter, ich *bin* meine Freiheit! Kaum hast du mich erschaffen, so habe ich auch schon aufgehört, dein eigen zu sein ...
Gestern noch warst du ein Schleier über meinen Augen, ein Wachstropfen in meinen Ohren; gestern hatte ich noch eine Entschuldigung für mein Dasein, denn du hattest mich in die Welt gesetzt, um deinen Plänen zu dienen, und die Welt war eine alte Kupplerin, die mir unaufhörlich von dir sprach. Und dann hast du mich verlassen.
Jupiter: Dich verlassen, ich?
Orest: Deinen Befehlen sich fügend, stand meine Jugend vor meinem Blick, flehend wie eine Verlobte, die man verlassen will; ich sah meine Jugend zum letzten Mal. Aber plötzlich ist die Freiheit auf mich herabgestürzt, und ich erstarrte, die Natur tat einen Sprung zurück, und ich hatte kein Alter mehr, und ich habe mich ganz allein gefühlt, inmitten deiner kleinen, harmlosen Welt, wie einer, der seinen Schatten verloren hat, und es war nichts mehr am Himmel, weder Gut noch Böse, noch irgendeiner, um mir Befehle zu geben.
Jupiter: Nun und? Soll ich das Schaf bewundern, das die Räude von seiner Herde trennt, oder den Aussätzigen, der in sein Lazarett eingesperrt ist? Erinnere dich, Orest, du hast zu meiner Herde gehört, du weidetest das Gras auf meinen Feldern inmitten meiner Schafe. Deine Freiheit ist nichts als die Räude, die dich juckt, sie ist nichts als eine Verbannung.
Orest: Du sprichst wahr: eine Verbannung.
Jupiter: Das Übel sitzt nicht so tief: es ist erst von gestern. Kehre zurück: schau doch, wie allein du bist, selbst deine Schwester verläßt dich. Du bist bleich, und die Angst weitet deine Augen. Hoffst du, zu leben? Siehe, ein unmenschliches Übel nagt an dir, das meiner Natur fremd ist, dir selber fremd. Kehre zurück! Ich bin das Vergessen, ich bin die Ruhe.
Orest: Mir selber fremd, ich weiß. Außerhalb der Natur, gegen die Natur, ohne Entschuldigung, ohne andere Entschuldigung, ohne andere Zuflucht als zu mir selbst. Aber ich werde nicht unter dein Gesetz zurückkehren: *ich bin dazu verurteilt,* kein anderes Gesetz zu haben als mein eigenes. Ich werde nicht zu deiner Natur zurückkehren: tausend Wege sind darin gezogen, die zu dir führen, aber ich kann nur meinem Weg folgen. Denn ich bin ein Mensch, Jupiter, und jeder Mensch muß seinen Weg erfinden. Der Natur graut vor den Menschen, und dir, dir, Herr der Götter, dir graut auch vor den Menschen.
Jupiter: Du lügst nicht: wenn sie dir gleichen, hasse ich sie.
Orest: Hüte dich: eben hast du deine Schwäche eingestanden. Ich hasse dich nicht. Was gibt es von dir zu mir? Wir werden aneinander vorübergleiten wie zwei Schiffe. Du bist ein Gott, und ich bin frei: wir sind gleichermaßen allein, und unsere Angst ist die gleiche. Wer sagt dir, daß ich im Laufe dieser langen Nacht die Reue nicht gesucht habe? Die Reue. Den Schlaf. Aber ich kann keine Reue mehr empfinden. Und auch nicht mehr schlafen. – *Schweigen.*
Jupiter: Was willst du tun?
Orest: Die Leute von Argos sind meine Leute. Ich muß ihnen die Augen öffnen.
Jupiter: Arme Leute! Du wirst ihnen Einsamkeit und Schande schenken. Du wirst die Tücher wegreißen, mit denen ich sie bedeckte, und du wirst ihnen plötzlich ihr Dasein zeigen, ihr obszönes und fades Dasein, das ihnen umsonst gegeben wurde.
Orest: Warum soll ich ihnen die Verzweiflung ersparen, die mich erfüllt, da sie doch auch ihr Los ist?
Jupiter: Was werden sie damit anfangen?
Orest: Was sie wollen, sie sind frei, und das menschliche Leben beginnt jenseits der Verzweiflung. – *Schweigen.*

Jean Paul Sartre, Die Fliegen (3. Akt, 2. Szene), in: ders., Dramen, Rowohlt Verlag, Reinbek bei Hamburg 1949, hier: rororo 418, 1967, 70–72

Paulus:
Zur Freiheit hat uns Christus befreit. So steht nun fest und laßt euch nicht wieder das Joch der Knechtschaft auflegen (Gal 5,1).

30 Der Praktische Atheismus

In unserem Alltag ist Gott weithin vergessen. Die Gottesfrage ist vielen gleichgültig. Ob es einen Gott gibt oder nicht, ist für die Gestaltung des alltäglichen Lebens unwichtig. Es herrscht das Gefühl vor, die Probleme des Alltags auch ohne Gott lösen zu können. Dieses Lebensgefühl bezeichnet man als »Praktischen Atheismus«.
Umstritten sind die Wurzeln des Praktischen Atheismus. Der Theologe Wolf Krötke (DDR) sieht in dem Praktischen Atheismus Impulse des religionskritischen Atheismus des vorherigen Jahrhunderts wirksam.
Der tschechische Marxist Milan Machovec sieht im Praktischen Atheismus die Folge einer fast totalen Unterdrükkung menschlicher Kreativität durch spezialisierte Arbeit und die Folge einer komplizierten Organisation der heutigen Gesellschaft. Dies bewirkt »einen abstumpfenden, oberflächlichen Lebensstil«, der tiefere Fragen »wie die Frage nach dem Sinn« ausblendet. Alles verläuft in den Geleisen des Konsums und der Glückssuche. Wird einmal die Sinnlosigkeit und die Absurdität dieses Lebensstiles erahnt, so sucht man schnell Rettung und Zerstreuung in Freizeit, Genuß oder rastloser Arbeit. Ein solcher Atheismus hat mit dem »prometheischen« Atheismus eines Karl Marx nichts mehr gemein, denn er vermag die Frage nach dem Wesen und der Rolle des Menschen in der Geschichte und der Natur nicht mehr zu stellen. Für Machovec ist die Gottesfrage eine »verkappte Form« der Sinnfrage. Daraus folgt für ihn: Der heute verbreitete Massenatheismus, der diese Sinnfrage nicht mehr stellt, »steht nicht über, sondern unter dem Niveau der Religion«.
Dietrich Bonhoeffer sieht in der »Religionslosigkeit« unserer Zeit eine Folge der schon jahrhundertelangen »Bewegung in Richtung auf menschliche Autonomie«. Diese ist aber wiederum eine Reaktion auf eine historische Form des Gottesglaubens.
Daneben sind jedoch noch zwei andere Wurzeln des Praktischen Atheismus erwägenswert:
Wenn sich der Praktische Atheismus, wie Machovec meint, sowohl gegen das Christentum als auch gegen den theoretischen Atheismus richtet, stellt sich die Frage, ob die Gleichgültigkeit gegenüber der Sinn- und Gottesfrage nicht die Folge eines allgemeinen Zweifels an der Glaubwürdigkeit von Idealen und globalen Sinnorientierungen ist. Im Praktischen Atheismus käme dann der »Tod Gottes« (F. Nietzsche) zur Erfahrung.
Der Praktische Atheismus könnte aber auch die Folge eines allgemeinen Deismus sein, der die Welt als gottlos und vollkommen beschreib- und beherrschbar erklärt und einen jenseitigen Gott nur am Anfang der Welt gelten läßt. In ihrem Alltagsleben sind die Menschen ganz auf sich gestellt. Bestenfalls in der Moral klingen religiöse Motive nach.
Trotz des weit verbreiteten Praktischen Atheismus kann man aber fragen, ob die Zeit der Religion wirklich vorbei ist. Bonhoeffers Diagnose, daß eine »religionslose« Zeit angebrochen sei, hat auch vielfach Kritik gefunden. In diesem Zusammenhang wird auf einen unausrottbaren Rest von Religiosität verwiesen, wie er sich beispielsweise im Weihnachtsfest, in persönlichen Notsituationen und an bestimmten Lebenseinschnitten oder in der New-Age-Bewegung zeigt. Darüber hinaus wird auf den Glauben an die Reinkarnation und auf okkulte Praktiken (Hexen, Teufel, Talismane, Horoskope u. a.) hingewiesen.

Das Versteckspiel

Rabbi Baruchs Enkel, der Knabe Jechiel, spielte einst mit einem andern Knaben Verstecken. Er verbarg sich gut und wartete, daß ihn sein Gefährte suche. Als er lange gewartet hatte, kam er aus dem Versteck; aber der andere war nirgends zu sehen. Nun merkte Jechiel, daß jener ihn von Anfang an nicht gesucht hatte. Darüber mußte er weinen, kam weinend in die Stube seines Großvaters gelaufen und beklagte sich über den bösen Spielgenossen. Da flossen Rabbi Baruch die Augen über, und er sagte: »So spricht Gott auch: ›Ich verberge mich, aber keiner will mich suchen.‹«

Martin Buber, Die Erzählungen der Chassidim, Manesse Verlag, Zürich 1949, hier: 1984⁹, 191

31 Die Abwesenheit Gottes

Das Begräbnis

Liegt der Brief da; weiß mit schwarzem Rand.
Muß einer gestorben sein, denk ich.
Seh mich um.
»Riecht nach Weihrauch«, sagt meine Nase.
»Hast recht«, sag ich; »war doch vorher nich. Komisch.«
Reiß den Brief auf, setz mich, putz mir die Brille. So.
Richtig, ne Traueranzeige. Ich buchstabiere:
Von keinem geliebt, von keinem gehaßt, starb heute, nach langem, mit himmlischer Geduld ertragenem Leiden: Gott.
Klein, darunter:
Die Beisetzung findet heute nachmittag in aller Stille auf dem St.-Zebedäus-Friedhof statt.
Siehste, denk ich, hats ihn auch geschnappt, den Alten; nu ja. Steck die Brille ins Futteral und steh auf.
»Frau!« ruf ich, »n Mantel!«
»Wieso n?« brummelt sie oben.
»Frag nich so blöd«, sag ich; »muß zur Beerdigung.«
»Kenn ich«, grient sie; »Skat kloppen willste.«
»Quatsch«, sag ich; »Gott ist gestorben.«
»Na und –?« sagt sie; »vielleich noch n Kranz kaufen, hm?«
»Nee«, sag ich; »aber Franzens Zylinder könntste rausrükken. Wer weiß, wer alles da is.«
»Ach nee«, sagt sie; »auch noch n Dicken Willem markieren? Nee, is nich. Außerdem duster; sieht sowieso keiner, daß de n Zylinder aufhast.«
Schön denk ich; denn nich, liebe Tante.
Zieh mein Paletot an, klapp n Kragen hoch und geh runter zur Tür.
S pladdert. ...
Alles wie immer draußen. Glitschiger Asphalt, bißchen Laternenlicht; paar Autos, paar Fußgänger; auch die Straßenbahn fährt.
Frag ich einen: »Schon gehört – Gott is gestorben.«
Sagt der: »Nanu; heut erst?«
Der Regen nimmt zu. Vor mir taucht n Kiosk auf mit ner Karbidlampe drin.
Halt, denk ich, mußt doch mal sehn.

Matthäus-Kirche, Frankfurt
Foto: L. Nahler, Wiesbaden

Beug mich rein; blättere, such.
Heute: nichts. *Morgen:* nichts. *Neue Welt:* nichts. *Die Zukunft:* nichts. *Am Feierabend:* nichts. Keine Zeile; nicht mal unter *Kurznachrichten.*
Frag ich: »Sonst noch was?«
»Anzeigenblatt«, sagt der Zeitungsmann.
»Moment«, sag ich.
Such, finds: Letzte Seite; reiner Zufall. Unter *Sonstiges* klitzeklein:
Von keinem geliebt, von keinem gehaßt, starb heute, nach langem, mit himmlischer Geduld ertragenem Leiden: Gott.
Aus; alles.
Zeigs dem Zeitungsmann: »Na –?«
Sagt der: »Armer Deubel. Kein Wunder.«
Auf m Paradeplatz, mitten im Nebel, steht n Schutzmann.
Frag ich: »Nich was durchs Radio gekommen?«
»Krieg«, sagt er.
»Nee«, sag ich; »was Besondres.«
»Nee«, sagt er.
»Kein Todesfall? Gott soll gestorben sein.«
Zuckt er die Schultern: »Hat er davon.«
Wird dunkler. Die Straße verengt sich.
Ecke Kadettenweg renn ich einen an.
Sagt der: »Gehts n hier zum Zebedäus-Friedhof?«
»Pfarrer?« frag ich; »Beerdigung?«
Er nickt.
»Wen denn.«
Sagt er: »n gewissen Klott oder Gott oder so ähnlich.«
Fragt der Pfarrer: »Verwandt mit dem Toten?«
»Nee«, sag ich; »bloß so.« ...
Vorm Friedhof steht was. n Wagen mit ner Kiste drauf; paar Leute, n Pferd.
»n Abend«, sag ich.
»Biste Pfarrer?«
»Nee«, sag ich, »*der.*«
»Los, pack mit an.«
Der Pfarrer greift zu, schweigend. Sie heben sich die Kiste auf die Schulter und schwanken durchs Tor.
»Beeilt euch!« schreit der Kutscher. Er hat sich unter ner Decke verkrochen und lehnt an dem Pferd; raucht.
s Tor quietscht, wie ichs zumach. Langsam schlendre ich hinter den Männern her.
Zwei tragen Spaten. Die kenn ich; sind die Totengräber. Der dritte hat n blauen Kittel an, hinter seinem rechten Ohr klebt ne aufgeweichte Zigarette; n Straßenfeger oder so was. Die andern beiden stecken in speckigen Feldblusen und haben Schildmützen auf; Heimkehrer aus m Lager wahrscheinlich. Der sechste ist der Pfarrer.
Jetzt sind sie aus m Schritt gekommen, die Kiste auf ihren Schultern liegt schief.
Hat der Pfarrer dran schuld; kriegt s Kreuz nicht raus, stöhnt.
Schreit plötzlich: »Absetzen!« Duckt sich.
»Rumms.«
Der Deckel fliegt ab. Haben sie die Bescherung.
Der Pfarrer hinkt, hat die Kiste auf n Fuß gekriegt.
Der Tote ist herausgefallen. Liegt da, bleich. Die Azetylenlampen vom Lager leuchten ihn an. n graues Hemd trägt er, ist hager, und an seinem Mund und im Bart ist etwas Blut festgetrocknet. Er lächelt.
»Idiot«, sagt der Kittelmann.
Sie drehn die Kiste um und heben den Toten wieder rein.
...
Wie der Deckel drauf ist, bücken sie sich.
»Haaaaaau-ruck!« schrein die Totengräber.
»Maaaarsch!«
Der Pfarrer hinkt. ...
An nem zermanschten Erdhaufen wartet ne Frau. Kenn ich; ist die Inspektorin. ...
»Hierher!« schreit sie.
Neben dem Erdhaufen ist n Loch. Neben dem Loch liegt n Strick. Daneben n Blechkranz mit ner Nummer drauf.
Die Träger schwenken ein.
»Seeeeeeetzt – ab!« kommandieren die Totengräber.
Die Kiste rumpelt zur Erde. *H. Gott* ist drangeschrieben mit Kreide. Drunter n Datum; schon verwischt aber.
Der Pfarrer räuspert sich. ...
»Liebe Anwesende«, sagt er.
»Hier«, sagt der eine Totengräber, »faß mal n Strick an. Und jetz drauf mit dem Ding.«
Sie heben die Kiste an und stellen sie auf den Strick, der rechts und links mit je drei Schlaufen drunter vorsieht.
»Zuuuuu-gleich!« kommandieren die Totengräber.
Die Kiste schwenkt überm Loch.
Taghell machens die Azetylenlampen. Die Blechkreuze rings auf den flachen Hügeln sind nicht höher als Kohlköpfe. ...
»Nachlassen«, sagt der eine Totengräber; »langsam nachlassen.«
Die Kiste senkt sich.
»Woran is er n gestorben?« frag ich.
Die Inspektorin gähnt. »Soll *ich* n das wissen.« ...
Der Pfarrer faltet die Hände.
»Na, ja.« Der eine Totengräber spuckt aus und wickelt den Strick auf.
»Bißchen tiefer hättet ihr ruhig gehn können«, sagt die Inspektorin.
Der Pfarrer hat fertig gebetet. Er hebt nen Lehmbatzen auf und wirft ihn ins Loch.
»Bumms«, macht es. Auch ich bück mich.
»Bumms.«
Der Kittelmann schubst seine Portion mit m Fuß rein.
»Bumms.«
n Augenblick ist es still; man hört nur das Rattern und Stampfen der Maschinen aus der Stickstoff-Fabrik. Dann setzt die Musik wieder ein, lauter jetzt. ...
»Fertig –?« fragt der Kittelmann.
»Fertig«, sagt die Inspektorin. »Haut das Kreuz weit genug rein.«

Der Pfarrer putzt sich die Hände ab. »Liebe Anwesende«, sagt er.
»He!« schreit draußen der Kutscher.
»Ja doch!« brüllt der Kittelmann. Tippt an die Mütze: »n Abend allerseits.« ...
Die Totengräber fangen an zu schippen.
»Rumms«, macht es; »rumms, rumms.«
»-fluchter Dreck«, sagt der eine und tritt mit m Absatz Lehm vom Spaten.
»Geben se n heut im *Odeon*?« fragt der andere.
Der Pfarrer starrt die Rückwand von *Waldemars Ballsälen* an.
»Noch nich nachgesehn«, sagt der erste Totengräber; »gleich mal vorbeigehn.«
»Hü!« schreit der Kutscher draußen.
»n Abend«, sag ich.
Der Pfarrer rührt sich nicht.
»n Abend«, sagen die Totengräber.
s Friedhofstor quietscht, wie ichs zumach. Am Zaun ist n Zettel aufgespießt. Reiß ihn ab; Stück Zeitungspapier. Inseratenteil, weich vom Regen. Links sucht die *Patria-Bar* n eleganten Kellner mit eigener Wäsche; rechts tauscht einer n Bettlaken gegen ne Bratpfanne ein. Dazwischen, schwarzer Rand, Traueranzeige:
Von keinem geliebt, von keinem gehaßt, starb heute, nach langem, mit himmlischer Geduld ertragenem Leiden: Gott. ...
s Friedhofstor quietscht. Ist der Pfarrer.
Er hinkt.

Wolf Dietrich Schnurre, Das Begräbnis, in: ders., Erzählungen 1945–1986, © Paul List Verlag, München 1977 (in Auszügen)

Dietrich Bonhoeffer (1906–1945): Es geht auch ohne »Gott«

Die etwa im 13. Jahrhundert (ich will mich auf den Streit über den Zeitpunkt nicht einlassen) beginnende Bewegung in der Richtung auf die menschliche Autonomie (ich verstehe darunter die Entdeckung der Gesetze, nach denen die Welt in Wissenschaft, Gesellschafts- und Staatsleben, Kunst, Ethik, Religion lebt und mit sich selbst fertig wird) ist in unsrer Zeit zu einer gewissen Vollständigkeit gekommen. Der Mensch hat gelernt, in allen wichtigen Fragen mit sich selbst fertig zu werden ohne Zuhilfenahme der »Arbeitshypothese: Gott«. In wissenschaftlichen, künstlerischen und ethischen Fragen ist das eine Selbstverständlichkeit geworden, an die man kaum mehr zu rühren wagt; seit etwa 100 Jahren gilt das aber in zunehmendem Maße auch für die religiösen Fragen; es zeigt sich, daß alles auch ohne »Gott« geht, und zwar ebenso gut wie vorher. Ebenso wie auf wissenschaftlichem Gebiet wird im allgemein menschlichen Bereich »Gott« immer weiter aus dem Leben zurückgedrängt, er verliert an Boden.
Katholische und protestantische Geschichtsschreibung sind sich nun darüber einig, daß in dieser Entwicklung der große Abfall von Gott, von Christus zu sehen sei, und je mehr sie Gott und Christus gegen diese Entwicklung in Anspruch nimmt und ausspielt, desto mehr versteht sich diese Entwicklung selbst als antichristlich. Die zum Bewußtsein ihrer selbst und ihrer Lebensgesetze gekommene Welt ist ihrer selbst in einer Weise sicher, daß uns das unheimlich wird; Fehlentwicklungen und Mißerfolge vermögen die Welt an der Notwendigkeit ihres Weges und ihrer Entwicklung doch nicht irrezumachen; sie werden mit männlicher Nüchternheit in Kauf genommen, und selbst ein Ereignis wie dieser Krieg macht darin keine Ausnahme.
Gegen diese Selbstsicherheit ist nun die christliche Apologetik in verschiedenen Formen auf den Plan getreten. Man versucht, der mündig gewordenen Welt zu beweisen, daß sie ohne den Vormund »Gott« nicht leben könne. Wenn man auch in allen weltlichen Fragen schon kapituliert hat, so bleiben doch immer die sogenannten »letzten Fragen« – Tod, Schuld –, auf die nur »Gott« eine Antwort geben kann und um derentwillen man Gott und die Kirche und den Pfarrer braucht. Wir leben also gewissermaßen von diesen sogenannten letzten Fragen der Menschen. Wie aber, wenn sie eines Tages nicht mehr als solche da sind, bzw. wenn auch sie »ohne Gott« beantwortet werden?
Die Attacke der christlichen Apologetik auf die Mündigkeit der Welt halte ich erstens für sinnlos, zweitens für unvornehm, drittens für unchristlich. Sinnlos – weil sie mir wie der Versuch erscheint, einen zum Mann gewordenen Menschen in seine Pubertätszeit zurückzuversetzen, d. h. ihn von lauter Dingen abhängig zu machen, von denen er faktisch nicht mehr abhängig ist, ihn in Probleme hineinzustoßen, die für ihn faktisch nicht mehr Probleme sind. Unvornehm – weil hier ein Ausnutzen der Schwäche eines Menschen zu ihm fremden, von ihm nicht frei bejahten Zwecken versucht wird. Unchristlich – weil Christus mit einer bestimmten Stufe der Religiosität des Menschen, d. h. mit einem menschlichen Gesetz verwechselt wird.
Die Frage heißt: Christus und die mündig gewordene Welt.

Dietrich Bonhoeffer, Widerstand und Ergebung, Chr. Kaiser Verlag, München 1985
Brief vom 8. 6. 1944, 355–361 (in Auszügen)

32 Ist die Zeit der Religion wirklich vorbei?

»Alle Jahre wieder«

Foto: epd-Bild-S-Lachmann

Weihnachten, wie wir es in der Kirche oder in der Familie feiern, legt die Vermutung nahe: Wir sind zutiefst religiös. Am Heiligabend sind die Kirchen überfüllt. Oft finden zwei oder drei Gottesdienste statt. Aber Weihnachten ist nicht nur ein kirchliches »Hochfest«, sondern zugleich auch Familienfest schlechthin. Familienangehörige, die sonst getrennt leben, finden sich im »trauten« Familienkreis zusammen. Streit und Auseinandersetzung sind an Weihnachten tabu. Im großen und ganzen vollzieht sich das gleiche »Ritual«: Gutes Essen und Trinken, der Gesang vertrauter Lieder, gelegentlich auch die Lesung des Weihnachtsevangeliums, auf jeden Fall aber die »Bescherung«. Nicht wegzudenken ist der mit Lichtern geschmückte Christbaum, Symbol festlicher Freude und familiärer Geborgenheit.

Was aber sind die Motive, Weihnachten zu feiern? Ist es der Glaube an Christus, den »Heiland der Welt«? Ist es die Sehnsucht nach einer »heilen Welt«, der Wunsch nach Geborgenheit und Liebe, nach Glück und Harmonie?
Religionssoziologen sehen im Weihnachtsfest den typischen Ausdruck einer allgemeinen, konfessionsübergreifenden »Bürgerreligion« (civil religion). Diese ist nicht so sehr an einer christlichen Verkündigung interessiert, als vielmehr daran, die Menschen einer bestimmten Gesellschaft über alle Unterschiede hinweg gefühlsmäßig miteinander zu verbinden, ihre Wünsche und Hoffnungen inhaltlich zu füllen und auf diese Weise gemeinsame Wertvorstellungen zu bekräftigen. Die Funktion der Bürgerreligion ist es, immer wieder einen »Grundkonsens« zu stiften und dadurch die Gesellschaft insgesamt zu stabilisieren.

Ein neues Zeitalter bricht an

New-Age-Verschwörer sind davon überzeugt: Ein Epochenwechsel steht bevor, er ist bereits im Gange, ein neues Zeitalter, ein »New Age«, bricht an. Sie sagen:

1. Das neue Zeitalter ist notwendig
Das neue Zeitalter muß kommen, oder die Tage der Menschheit sind gezählt. Der Geist des alten, vordergründig noch herrschenden Zeitalters, der Geist des gnadenlosen Kampfes jeder gegen jeden, der Geist der rücksichtslosen Ausbeutung der Natur, der Geist des hemmungslosen Ausprobierens auch der schrecklichsten Möglichkeiten von Wissenschaft und Technik haben Gefahren heraufbeschworen, die im alten Geist nicht mehr zu bändigen sind, sondern über kurz oder lang zur Endkatastrophe führen. Der neue Geist, der ein neues Zeitalter heraufführen wird, ist eine absolute Notwendigkeit für die Weiterexistenz der Menschheit. Deshalb läßt er sich nicht länger unterdrükken, drängt sich in das Bewußtsein von immer mehr Menschen, leistet Widerstand gegen die Auswüchse des alten Geistes, weist den rettenden Weg: »Wo aber Gefahr ist, wächst das Rettende auch« (Hölderlin).

2. Die New-Age-Bewegung ist keine Organisation, sondern ein Netzwerk
Die Anhänger des neuen Zeitalters, die »New-Age-Verschwörer«, sind nicht notwendig als solche organisiert, sondern bilden zunächst und vor allem ein weltweites Netzwerk des Geistes, das sich knüpft aufgrund ähnlicher Erfahrungen, Einsichten und Aktivitäten, die jeder an seinem Platz, in seiner Familie, seinem Beruf, seiner gesellschaftlichen und politischen, kulturellen oder kirchlichen Gruppe zur Geltung bringt.

3. Vorwärts zur Natur
Die Devise des Neuen Zeitalters lautet: Vorwärts zur Natur. Der Mensch weiß sich wieder als Teil der Natur, und nur wenn er sich in das Ganze der Natur einfügt, das heißt auf der heutigen Entwicklungsstufe des Kosmos: wenn er als Geist gewordene Natur, die in ihm zu ihrem Bewußtsein kommt, das Gespür (»Spiritualität«) und die Verantwortung für das Ganze der Natur übernimmt, wird die Natur seine Rettung sein. Der Geist des Neuen Zeitalters ist demnach der im Menschen zum Durchbruch kommende Geist der Natur. Dieser Geist ist ganzheitlich, rücksichtsvoll und sanft.

Der Geist der Natur ist bereits überall und deutlich am Werk: in der Hausfrau, die ihrer Familie Vollwertnahrung bereitet; in dem Hausbesitzer, der eine Solarheizung installiert; in den Menschen, die gegen die Verbauung der Landschaft und die Gefahren der Kernenergie protestieren; in den Bauern, die den Einsatz von chemischen Unkrautvernichtungsmitteln und Kunstdüngern reduzieren; in den Kommunen, die im Winter kein Salz mehr streuen und mehr Grünanlagen planen; in den Ingenieuren, die eine sanfte, der Natur abgeschaute Technologie entwickeln; in den Militärs, die darauf warten, überflüssig zu werden; in den Theologen, die gegen die kirchliche Frauenfeindlichkeit angehen; in Gorbatschow, der vielleicht erkannt hat, daß es für den Sozialismus keine Zukunft gibt, wenn er die natürlichen Rechte der Menschen noch länger mit Füßen tritt.

4. Das neue Zeitalter beginnt mit der Umkehr des einzelnen
Der New-Age-Verschwörer ist davon überzeugt, daß die Umkehr im einzelnen Menschen beginnen muß. Jeder einzelne muß sein Bewußtsein ändern und erweitern, zwar nicht individualistisch auf sich gestellt und im Alleingang, sondern durchaus im Zusammenwirken mit anderen. Aber das ändert nichts daran: Du selbst mußt Deine eigene Erfahrung machen mit der Aussichtslosigkeit des bisherigen Denkens und Handelns. Du selbst mußt die Natur als Rettung, als Kraftquelle, als Orientierung, als das neue Maß erleben und lieben, dich selbst als Teil der Natur annehmen. Nur dann wirst du eine lebendige Zelle sein in dem neuen Netzwerk des Lebens, das die Menschheit durchzieht und sie vor der drohenden Vernichtung bewahren könnte.

5. Die Umkehr des einzelnen beginnt mit seiner Sensibilisierung
Daraus folgt eine Vielzahl von Aktivitäten, die darauf abzielen, unsere Sensibilität, unsere Empfindsamkeit für die wahren Werte des Lebens zu wecken und zu verfeinern. Das setzt voraus, daß wir zunächst in uns hineinhören, still werden, meditieren, den Stimmen lauschen, die in uns

sprechen aus der Tradition, aus den anderen Kulturen, aus den anderen Dimensionen der Wirklichkeit. Denn der New-Age-Anhänger ist davon überzeugt: Es gibt mehr Dinge zwischen Himmel und Erde, als sich der »aufgeklärte« und »fortschrittliche« Mensch alten Schlags vorstellen kann, der an nichts mehr glaubt als an sich selbst und seinesgleichen, so daß er notwendig ein »Ungläubiger« ist. Der Geist des Neuen Zeitalters ist der Geist des spirituellen Abenteuers, der mit einer geheimnisvollen, unergründlichen, religiösen Dimension der Wirklichkeit rechnet, für die er ein Gespür entwickelt. Der New-Age-Verschwörer nennt es »Spiritualität«, womit er sich von dem Gläubigen der traditionellen Religionen vor allem des Westens unterscheiden möchte, der nur »religiös« und »gläubig« sei, aber ohne Gespür für den göttlichen Geist in allen Dingen. Die New-Age-Anhänger scheuen sich nicht, spirituelle Techniken und Praktiken aus der Menschheitsgeschichte wieder zu aktivieren, und entdecken für sich neu Mystik und Astrologie, Theosophie und Okkultismus, Magie und östliche Weisheiten wie Karma und Reinkarnation, Zen und Yoga, Schamanismus und Anthroposophie und vieles mehr. Das mag wie eine Fluchtbewegung aussehen aus der rationalistisch gefärbten Realität unseres Alltags und manchmal auch sein. Im Sinne des Neuen Zeitalters dient es jedoch der Sensibilisierung von Leib und Seele zur besseren Einstimmung auf die heilenden Kräfte der Natur.

6. Das neue Zeitalter ist eine neue evolutionäre Entwicklungsstufe

Weil es sich bei dem Epochenwechsel, den wir erleben, um eine evolutionäre Entwicklungsstufe handelt, wird er sich über entsprechend lange Zeiträume erstrecken. Astrologisch orientierte New-Age-Anhänger sprechen von »persönlicher und gesellschaftlicher Transformation im Zeitalter des Wassermanns« (Marylin Ferguson). Denn 25 868 Jahre braucht die Sonne, um den ganzen Tierkreis zu durchwandern, wobei sie für jedes Tierzeichen etwa 2100 Jahre braucht. Wir befänden uns gerade im Übergang vom christlichen Zeitalter der »Fische« in das nachchristliche, überkonfessionelle des »Wassermanns«, das als das Zeitalter der Synthese bezeichnet wird. Nach Alfons Rosenberg hat das Neue Zeitalter streng genommen 1950 begonnen und wird demnach bis 4050 dauern.

Daß wir uns jetzt in einer leidvollen Übergangsphase befinden, entspricht dem »tastenden Suchen«, das eine evolutionäre Notwendigkeit ist, wenn sich die Entwicklung des Lebens in eine Sackgasse verrannt hat. Die weltweite politische, wirtschaftliche und geistige Dauerkrise, aus der wir scheinbar gar nicht mehr hinausgelangen können, stellt den Übergang von dem alten Weltalter in ein neues dar. Die Leiden unserer Gegenwart sind die Geburtswehen eines neuen Zeitalters. Es wird jedoch nicht von selbst eintreten, sondern durch die Menschen, die sich dem neuen, dem österlich-pfingstlichen, dem göttlichen Geist der Natur öffnen. Das ist die Überzeugung aller New-Age-Verschwörer.

Günther Schiwy, Die Geburtswehen eines neuen Zeitalters. Die New-Age-Verschwörer sind unter uns
Referat in Pforzheim-Hohenwart, 3. Juni 1987, epd-Dokumentation 39/87, 1–6 (in Auszügen)

Die herrliche Freiheit der Kinder Gottes

Denn ich bin überzeugt, daß dieser Zeit Leiden nicht ins Gewicht fallen gegenüber der Herrlichkeit, die an uns offenbart werden soll. Denn das ängstliche Harren der Kreatur wartet darauf, daß die Kinder Gottes offenbar werden. Die Schöpfung ist ja unterworfen der Vergänglichkeit – ohne ihren Willen, sondern durch den, der sie unterworfen hat –, doch auf Hoffnung; denn auch die Schöpfung wird frei werden von der Knechtschaft der Vergänglichkeit zu der herrlichen Freiheit der Kinder Gottes.

Denn wir wissen, daß die ganze Schöpfung bis zu diesem Augenblick mit uns seufzt und sich ängstet. Nicht allein aber sie, sondern auch wir selbst, die wir den Geist als Erstlingsgabe haben, seufzen in uns selbst und sehnen uns nach der Kindschaft, der Erlösung unseres Leibes. Denn wir sind zwar gerettet, doch auf Hoffnung. Die Hoffnung aber, die man sieht, ist nicht Hoffnung; denn wie kann man auf das hoffen, was man sieht? Wenn wir aber auf das hoffen, was wir nicht sehen, so warten wir darauf in Geduld.

Röm 8, 18–25

Unter deutschen Schülern ist der Teufel los

Religionslehrer Kurt Gaik kam pünktlich. Am Abend des 13. Juni, exakt um 18 Uhr, fuhr er mit seinem Wagen am Eingang des Bahnhofs Düsseldorf-Benrath vor. Plötzlich öffnete ein gepflegt gekleideter junger Mann, etwa 18 Jahre alt, die Beifahrertür: »Es ist besser, wenn Sie wieder zurückfahren«, sagte er zu Gaik, »so etwas ist kein Scherz und auch nichts für Neugierige.«
Gaik winkte ab. Der Studienrat, der am Schulzentrum in Erkrath-Hochdahl bei Düsseldorf unterrichtet, hatte sich schließlich tagelang um diese Einladung zur spiritistischen Schüler-Sitzung bemüht. Er wollte wissen, was seine Schüler seit Wochen beschäftigte. »Ich hoffe, Sie wissen, was Sie tun«, antwortete der junge Mann, der seinen Namen nicht nennen wollte.
Weil Ort, Teilnehmer und das Sitzungsritual geheim seien, habe er einige Vorsichtsmaßnahmen zu treffen: Gaik müsse ihm das Steuer seines Wagens überlassen, eine Augenbinde anlegen, die Rückenlehne seines Vordersitzes absenken und sich hinlegen.
Nach etwa zehn Minuten Autofahrt wurde dem Studienrat im Keller eines Einfamilienhauses die Binde abgenommen. Ein weiterer Junge und drei Mädchen begrüßten ihn und führten ihn durch den Heizungskeller in einen fensterlosen Raum, dessen Wände mit dunkelblauem Samt ausgeschlagen waren.
Beleuchtet war der Raum von 42 Kerzen, die auf sechs Kerzenhaltern an den Wänden brannten. Auf einem Marmortisch lagen, kreisförmig angeordnet, die Buchstaben des Alphabets und die Zahlen von null bis neun, dazu zwei Kärtchen mit der Aufschrift »Ja« und »Nein«. In der Tischmitte stand ein umgestülptes Glas.
Alle setzten sich.
»Wenn Sie mit Satan Kontakt haben wollen, müssen Sie sich ihm weihen«, sagte ein Mädchen zu Neuling Gaik. Sie gab ihm ein kleines Messer, forderte ihn auf, den Mittelfinger der rechten Hand anzuritzen und mit dem Blut die vorgefertigte Erklärung zu unterschreiben: »Hiermit übergebe ich meine Seele dem Satan.« Dann wurde der Zettel auf dem Tisch verbrannt, die Asche weggepustet.
»Ist jemand da, der mit uns sprechen will?« begann eines der Mädchen mit langsamer, erhobener Stimme. Dabei legte es den Zeigefinger der rechten Hand auf das umgestülpte Glas in der Mitte und wiederholte: »Ist ein Geist hier? Möchte er mit uns sprechen?«
Nach einer Weile gebannter Konzentration begann das Glas in Richtung der »Ja«-Karte zu rutschen, und das Mädchen fragte weiter: »Wer meldet sich? Wie heißt du, Geist?« Alle Anwesenden legten nun ihren Finger auf das Glas.
Wieder nach einer Pause begann das Glas auf verschiedene Buchstaben zuzutanzen. Die Teilnehmer buchstabierten erregt alttestamentarisch klingende Namen wie Aschon und Eschbolet.

Foto: Calwer Verlag, Kegel

Um herauszufinden, ob der »Geist« auch die Wahrheit sagt, wurde ihm als erstes eine sehr weltliche Frage gestellt: »Wann beginnen in Nordrhein-Westfalen die großen Ferien?« Die Antwort: »16. Juli« – das stimmte. Dann folgten Fragen wie »Werden meine Eltern wieder zusammenkommen?« (Antwort: »Nein«) oder »Heiratet Klaus die Gabi?« (Antwort: »Besser nicht«).
Studienrat Gaik wollte wissen: »Was war das Lieblingsgetränk meines verstorbenen Vaters?« Geister-Antwort: »Milich.« Tatsächlich war Milch das Lieblingsgetränk des alten Gaik, und er sprach das Wort immer »Milich« aus.
Sichtlich erschöpft sagte schließlich einer nach zwei Stunden: »Laßt uns Schluß machen.« Abrupt standen alle auf und gaben sich wortlos die Hand. Der Religionslehrer wurde mit verbundenen Augen an den Benrather Bahnhof zurückgefahren, eine Warnung bekam er mit auf den Weg: »Schweigen Sie über alles. Sonst könnte es sein, daß Sie sich selbst umbringen, etwa durch einen Verkehrsunfall.«

Aus: Der Spiegel, Nr. 42/1987, 70f.

33 Nachtheistisches Reden von Gott

Die neuzeitliche Religionskritik richtete sich vor allem gegen die Vorstellung eines vollkommenen, personenhaften Gottes, der über den Wolken thront und von oben her die Geschicke der Menschen allmächtig und gütig lenkt, der das Gute fordert und das Böse bestraft. Sie hat diese Gottesvorstellung tief erschüttert und für viele unglaubwürdig gemacht.
Diese Kritik am Theismus blieb auch in der Theologie nicht ohne Folgen. Deismus und Pantheismus können als Versuche angesehen werden, die Angriffe der Religionskritik ernst zu nehmen und den Gottesglauben von theistischen Vorstellungen freizuhalten. Der »A-Theismus« der Religionskritik führte aber vor allem zu einer Neubesinnung auf die biblischen Grundlagen des Gottesglaubens. Es entstand ein Reden von Gott »jenseits von Theismus und Atheismus«, das von der Offenbarung Gottes in Jesus Christus ausgeht und die Fülle des Redens von Gott bedenkt. Damit kam es gleichzeitig zu einer *theologischen* Religionskritik.
Ein Ausgangspunkt einer solchen Neubesinnung ist Joh 1,18: »Niemand hat Gott je gesehen; der eingeborene Sohn, der in des Vaters Schoß ist, der hat ihn uns verkündigt.« Daraus ergeben sich einige grundlegende Einsichten, die für ein nach-theistisches Reden von Gott richtungsweisend sind:
(1) *Gott ist ein verborgener Gott* (vgl. auch Ex 33,18ff.; Jes 45,15). Er läßt sich nicht durch menschliche Vernunft begreifen oder in menschliche Vorstellungen fassen. Jeder Versuch, Gott »in den Griff« zu bekommen, verfehlt Gott oder macht ein menschliches Gottesbild zum Götzen. Der Versuch, sich »über« Gott zu stellen, entspricht weder Gott noch dem Menschen (vgl. R. Bultmann).
(2) Zugleich aber gilt: *Gott hat sich in Jesus Christus offenbart.* Wenn wir verstehen wollen, wer Gott ist und wie er an uns handelt, müssen wir auf Gottes Offenbarung in Jesus Christus schauen (vgl. J. Hübner, D. Bonhoeffer): Christliche Theologie beginnt mit dem Glauben an Jesus Christus. Eine »natürliche Theologie« (also eine Theologie, die zunächst einmal abgesehen von Gottes Offenbarung in Jesus Christus von Gott reden will) wird dem biblischen Zeugnis nicht gerecht. Dementsprechend führt christlicher Glaube nicht von der Naturerkenntnis zur Gotteserkenntnis, sondern vom Glauben an den Schöpfer zu einer neuen Wahrnehmung der Natur (vgl. J. Hübner).
Wesentliches Merkmal der Offenbarung Gottes in Jesus Christus ist, daß Gott auf die Menschen zugeht, sie anspricht und herausruft, sie verändert und erneuert. Reden von Gott sucht dieser Bewegung Gottes zu entsprechen.
(3) *Der jenseitige Gott begegnet uns inmitten der Wirklichkeit dieser Welt.* Gott offenbart sich den Menschen nicht »metaphysisch«, in einer Überwelt oder an den Grenzen der Erkenntnis, sondern so, daß die alltägliche Lebenswirklichkeit für Gottes Gegenwart »transparent« wird. Deshalb lassen sich der Glaube an Gott und die Hinwendung zur Welt nicht mehr voneinander trennen. Jesus Christus zeigt: Gott begegnet in dieser Welt und bleibt dennoch ihr Gegenüber.
(4) *Im Kreuz Christi hat Gott selber Leiden und Tod auf sich genommen.* Im Kreuz ist Gottes Verborgenheit am tiefsten, denn Gott begegnet dort, wo Menschen ihn auf keinen Fall erwarten. Ohnmacht und Schwäche, Verzweiflung und Scheitern sind jetzt nicht mehr Ausdruck der Gottverlassenheit, sie können geradezu Orte der Begegnung mit Gott sein. Dies betont die »Theologie des Kreuzes« (vgl. M. Luther; Chr. Frey).
Aber der Gekreuzigte ist zugleich der Auferstandene. Ostern begründet die Hoffnung auf eine neue Schöpfung ohne Schmerz, Leid und Tod. Diese Hoffnung gibt Menschen den Mut, auch »nach Auschwitz« von Gott zu reden (vgl. F. Steffensky).
(5) *In Jesus Christus offenbart sich der dreieinige Gott. Hier erschließt sich das Wirken des Heiligen Geistes.* In Christus erfahren Menschen Gott als einen lebendigen, liebenden und gemeinschaftsstiftenden Gott.
Die Rede von Gott dem Vater, dem Sohn und dem Heiligen Geist meint: Gott ist kein einsamer Gott. Er ist in sich selbst Begegnung und Gemeinschaft. Wo Menschen liebende Gemeinschaft erfahren, da wirkt der Heilige Geist und da begegnen sie dem dreieinigen Gott. Bei Jesus wird deutlich, wie Gott handelt: Er nimmt geschöpfliche Gestalten wie die Vögel unter dem Himmel (vgl. Mt 6,26) und alltägliche Begebenheiten wie die Entlohnung von Arbeitern im Weinberg (Mt 20,1–15) in Anspruch, um in Menschen die Hoffnung auf ein sinnerfülltes, ganzes Leben zu wekken (vgl. D. Sölle) und ihnen ein neues Leben in Gemeinschaft und Gerechtigkeit zu eröffnen. Der Glaube an den Heiligen Geist besagt: Gott ist auch heute gegenwärtig. Deshalb können auch heute Menschen immer wieder »Gleichnisse vom Himmelreich« entdecken.

34 Die Welt als Gottes Schöpfung ehren

Zur Verantwortung berufen

Christliche Theologie kommt von der Erfahrung her, daß in Verhalten und Geschick Jesu Christi der Wille und der Weg des Schöpfers und damit der Sinn der Schöpfung neu ins Licht getreten sind. Diese Erfahrung und diese Erkenntnis gilt es, gerade unter den Bedingungen der modernen Zivilisation, nachzuvollziehen. Gott darf nicht im Anschluß an ein vergangenes Weltbild so gedacht werden, als ob er in einem Raum oder in einer Zeit jenseits dieser Welt wohnte. Gott ist vielmehr in der Welt gegenwärtig und die Welt gegenwärtig in Gott zu denken. Das Verhältnis von Mensch und Gott kann dann nicht nur einseitig und abstrakt als Abhängigkeit beschrieben werden. Redete Jesus den Menschen als Gottes Partner an und nahm er ihn in diesem Sinne in Dienst, so ist der Mensch damit als verantwortlicher Mitarbeiter Gottes gemeint. Seine Arbeit dient der Schöpfung und ihrer Zukunft und damit dem Lobpreis des Schöpfers. In der durch Christus vermittelten Gemeinschaft mit Gott ist der Mensch mit dazu berufen, die Welt ihrer göttlichen Bestimmung entgegenzuführen.
Damit ist der Mensch mündig geworden. Er trägt die Verantwortung für die Welt mit. Das entspricht ethisch der Perspektive eines evolutiven Weltverständnisses, das die Kategorien der biologischen Entwicklungslehre aufnimmt: im Menschen kommt gewissermaßen die Evolution des Lebendigen zum Bewußtsein ihrer selbst, indem er ihre Gesetze erkennt, aufnimmt und einsetzt. Es ist die Aufgabe des Menschen, die Geschichte des Lebens fortzuführen. An ihm liegt es, in welchem Geiste dies geschieht. Theologisch wäre zu fragen: Handelt er im Geiste des Schöpfers und entspricht er damit der wahren Weisheit, oder handelt er in seinem eigenen Geiste und damit nur nach seinem eigenen Willen und dem Maßstab seiner beschränkten Vernunfterkenntnis?
Der Mensch hat die Welt so weit verändert, daß er in ihr nicht mehr eigentlich der Natur, sondern allenthalben sich selbst, seiner eigenen Natur begegnet. Wenn das so ist und also eine neue Phase in der Geschichte des Lebens begonnen hat, dann stehen wir jetzt auch in einer neuen Phase menschlicher Verantwortung. Der Mensch hat nun nicht mehr nur Verantwortung für seinesgleichen, für den nahen und fernen Nächsten, sondern für die Schöpfung überhaupt. Kann der Mensch in der Natur die Weisheit Gottes nicht mehr finden, so kommt alles darauf an, wie er selbst weise wird. Wie findet der Mensch die Weisheit Gottes wieder, und wo findet die Wissenschaft die Weisheit, in die sie sich einordnen kann? Nur wenn es gelingt, unsere Zivilisation und die Gesetze ihres Fortschritts in dem größeren Zusammenhang der ganzen Wirklichkeit und diese wieder unter der Gnade der göttlichen Treue zu sehen und zu erleben, werden wir die Krise, in der die Weltentwicklung heute steht, wirklich bestehen.
Die theologische Denkbemühung ging bislang von der Natur zu Gott: Wie kann der Mensch aus der Erkenntnis der Natur zur Erkenntnis Gottes kommen? Wie führt die Natur zu Gott? Heute ist die Zeit gekommen, wo sich diese Denkbewegung umkehren muß: von Gott zur Natur. Der mündige Mensch kann nicht mehr natürliche Theologie, sondern er muß Theologie der Natur treiben. Es geht nicht darum, wie der Glaube, sondern wie die Schöpfung gerettet wird. Wie kann die Natur gerettet, versöhnt werden, wenn wir doch Industrie und Industrialisierung brauchen, um überleben zu können? Wie führt Gott zur Natur? Hier ist jetzt der Mensch gefragt. Es geht jetzt nicht mehr nur um seine Erlösung, sondern um die Erlösung der Natur, der ganzen Schöpfung, und der Mensch hat hier Verantwortung. An der inneren Ordnung des Menschen gewissermaßen hängt die äußere Ordnung der Welt. Damit werden die Aussagen des Apostels Paulus unmittelbar aktuell, die von dem »ängstlichen Harren der Kreatur« sprechen, die darauf wartet, von der »Knechtschaft der Vergänglichkeit« zu der »herrlichen Freiheit der Kinder Gottes« befreit zu werden (Römer 8).

Jürgen Hübner, Der Mensch – Ausbeuter oder Mitarbeiter Gottes, in: ders., Die Welt als Gottes Schöpfung ehren, Kaiser Traktate 72, Chr. Kaiser Verlag, München 1982, 61–72, hier: 66f.

Schöpfung und Evolution

1. Schöpfung und Evolution sind kein Widerspruch

Es ist sinnvoll, ernsthaft darüber nachzudenken, ob es sich bei der kosmischen und biologischen Evolution, wie sie sich in unseren unvollkommenen Gehirnen zeigt, nicht um den Augenblick der Schöpfung handeln könnte.
Dieser Gedanke ergibt sich aus der Einsicht, daß die Zeit untrennbar mit dem Raum des Universums verbunden ist und bei dem »Urknall« vor 13 Milliarden Jahren zusammen mit Energie, Materie und Naturgesetzen entstanden ist. Die Zeit ist eine Eigenschaft dieser Welt. Sie ist an die Existenz dieser Welt gebunden und ohne sie nicht vorhanden. Sie ist keine Kategorie, die diese Welt gleichsam »von außen« bestimmt.
Wenn es nun aber ein »Außen« gibt, wie es die Rede von Gott voraussetzt, dann wäre es erlaubt, sich dieses »Außen« als zeitlos vorzustellen. Von »Außen« her gesehen, wären dann die in unserer Welt zeitlich aufeinander folgenden Ereignisse nicht notwendig voneinander getrennt. Sie wären vielmehr der Augenblick des Schöpfungsereignisses.
Wir, die wir »innen« leben, würden aber diesen Augenblick als die langwierig sich hinziehende Entwicklungsgeschichte der unbelebten und belebten Natur erleben.

2. Die Schöpfung ist noch nicht fertig

Wir müssen also die Möglichkeit bedenken, daß die Welt, die wir erleben, eine »Schöpfung in der Entstehung« ist. Sie wäre dann nicht das von Gott abgeschlossene und von ihm gleichsam entlassene Schöpfungsprodukt.
Die Unvollkommenheit und die Mangelhaftigkeit der Welt könnte damit zusammenhängen, daß sie Ausdruck einer Schöpfung sind, die noch nicht vollendet ist. Der Eindruck, daß die Welt unvollkommen sei, würde sich dann als eine Illusion herausstellen, da die Unvollkommenheit ein zeitlich befristetes Phänomen ist.

3. Der Mensch ist verantwortlich für den weiteren Gang der Schöpfung

Ist die Evolution nichts anderes als der uns faßbare Anblick einer sich noch vollziehenden Schöpfung, dann legt sich die Einsicht nahe, daß den Menschen eine aktive Beteiligung am Vollzug dieser Schöpfung zuteil geworden ist. Denn seit das Menschengeschlecht zum Bewußtsein erwachte, ist es in zunehmendem Maße für den Ablauf der ihr zugänglichen Welt verantwortlich.
Da menschliches Handeln weltliche Abläufe zu beeinflussen vermag, muß es sich in jedem Augenblick an der Frage messen lassen, ob es dem der Vollendung der Welt zustrebenden Ablauf der Dinge im Wege steht oder zu ihm beiträgt.

4. Es gibt keine Erlösung des einzelnen, wohl aber der Welt als Ganzes

Ist diese Welt die sich vollendende Schöpfung, dann sollten wir die Hoffnung auf eine individuelle Erlösung aufgeben. Wir werden dann nicht nach dem eigenen Tod aus einer unvollkommenen in eine jenseitige, vollkommene Welt versetzt.
Erlösung wäre nur noch denkbar als Teilnahme an der Erlösung der Welt als Ganzes, an einer Erlösung des ganzen Kosmos, wenn die Schöpfung einst abgeschlossen und vollendet sein wird.
Über den Ablauf der Welt bis dahin entscheidet dann aber ganz offensichtlich nicht so sehr das Handeln des einzelnen, sondern das Verhalten aller.
Das hat aber Konsequenzen für die Ethik. »Gut« wäre dann das, was zum Aufbau einer menschlichen Solidarität beiträgt, die alle einbezieht. Niemand ist ohne Einfluß auf den Ablauf der Geschichte, von der für uns alles abhängt.

5. Niemand kann sich der Verantwortung entziehen

Ob wir wollen oder nicht, wir haben Anteil an der Veränderung der Welt im Gange ihrer evolutiven Geschichte, die zur Vollendung führen wird. Niemand kann sich der Verantwortung für den Verlauf dieser Entwicklung entziehen. Das Tun und Lassen jedes einzelnen Menschen entscheidet über das Schicksal des Kosmos mit.

Nach Hoimar von Ditfurth

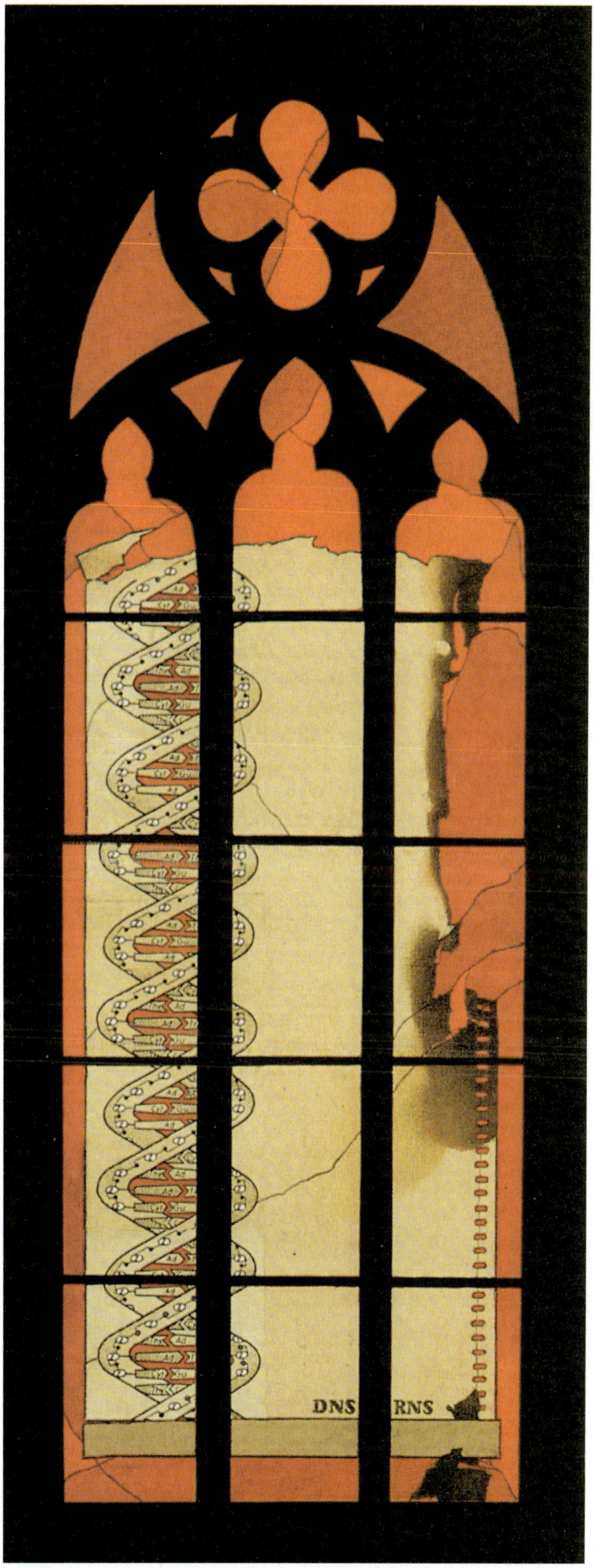

»Biologiefenster« – Entwurf des Frankfurter Künstlers Johannes Schreiter für die Heilig-Geist-Kirche in Heidelberg (aus: Johannes Schreiter, Brandcollagen, Zeichnungen, Heidelberger Fensterentwürfe, Verlag Das Wunderhorn, Heidelberg 1987, 123)

Johannes Schreiter will mit seinen Fensterentwürfen den Kirchenbesucher mit der herausfordernden Realität seiner Gegenwart konfrontieren.

Die Heilig-Geist-Kirche beherbergte bis zum Abtransport durch Tilly im Dreißigjährigen Krieg nahezu das gesamte Wissen der damaligen Welt in Gestalt der »Bibliotheca Palatina«. – In dieser Kirche will Schreiter dem Betrachter mit den Fensterthemen: Philosophie, Musik, Computertechnik, Medien, Physik, Ökonomie, Chemie, Biologie, Medizin und Verkehr eine religiöse Flucht auf eine Heile-Welt-Insel unmöglich machen.

Das hier wiedergegebene Biologie-Fenster weist mit der DNS-Doppelhelix auf die unausweichlich gewordene Frage nach der ethischen Verantwortbarkeit gentechnischer Experimente und Manipulationen hin.

35 Gottesglaube nach Auschwitz

Kann man nach Auschwitz von Gott reden?

Wir haben keine Zeit mehr, Gott zu verschweigen. Denn die Hoffnung ist knapp geworden. Denn unsere Bosheit ist groß geworden. Denn wir wollen Würde für alle. Denn wir können die Welt nicht allein tragen. Wie aber nennen wir Gott? Ich möchte vor allen zu denen sprechen, denen sein Name nicht mehr geläufig ist und die doch mit ihrem Herzen an der Sache hängen, die Gott meint...

Viele von uns fragen: Kann man nach Auschwitz, nach Hiroshima, nachdem die Welt bis zum Rand mit Vernichtungswaffen vollgelagert ist, noch einmal ein Ganzes nennen, ein Herz allen Lebens, in dem alles zusammengehalten ist? Kann man Gott nennen, nachdem seine Welt auseinandergefallen ist? Ich möchte dazu zwei Dinge sagen:

1. Der Zweifel, wenn er uns nicht ganz verstummen läßt, reinigt unsere Sprache. Vielleicht werden besonders die von Gott Zeugnis ablegen, denen man die Mühe des Sprechens anmerkt. Ich habe Angst vor den Systematikern und den Leichtzüngigen. Systematisch verhält sich, wer die Zerstörungen der Welt notiert, die gegen den Glauben an die stützende Hand Gottes sprechen, und wer aus der Wahrnehmung der Zerstörung nichts anderes sagt, als was zu sagen ist: daß die Welt ist, wie sie ist – zum Tode und zur Sinnlosigkeit verurteilt. Systematisch verhält sich auch, wer ungestört durch die Tatsache des Aberwitzes und der Sinnlosigkeit mit sicherer und kostenloser Sprache das gekommene Heil behauptet. Unser Herz soll so erwachsen sein, daß wir den Widerspruch aushalten; den Widerspruch zwischen dem, was wir sehen an Zerstörung und Beleidigung des Lebens, und den Versprechungen Gottes. Der Zweifel, sofern er uns nicht verschlingt, hält unsere Wunden offen und unseren Schmerz um den Gott, der noch aussteht.

2. Kann man noch an ein Ganzes glauben, nachdem die Welt auseinandergefallen ist, war unsere Frage. Folgendes Gebet stammt von einem unbekannten Juden aus einem Konzentrationslager (ich gebe es verkürzt wieder):

»Friede sei den Menschen, die bösen Willens sind, und ein Ende sei gesetzt aller Rache... Aller Maßstäbe spotten die Greueltaten, und der Blutzeugen sind gar zu viele... Darum, o Gott, wäge nicht mit der Waage der Gerechtigkeit ihre Leiden, daß du sie ihren Henkern zurechnest und von ihnen grauenvolle Rechenschaft forderst.

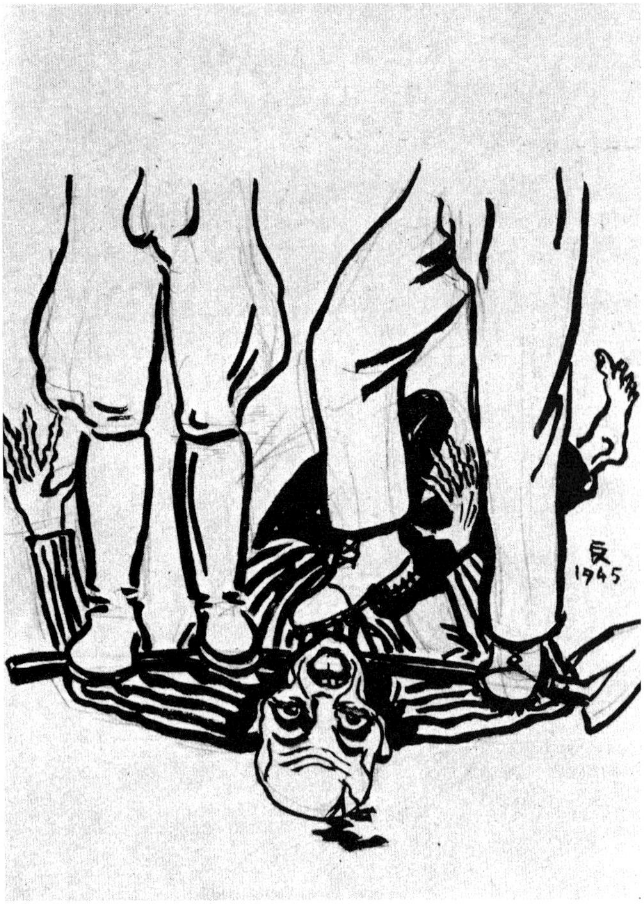

Franciszek Reisz, »Mit dem Stock erwürgt«, Paris 1945, Tusche auf Papier, 20,8 × 13 cm (aus: Überleben und Widerstehen, Zeichnungen von Häftlingen des Konzentrationslagers Auschwitz 1940–46, Ausstellung der Deutsch-Polnischen Gesellschaft der BRD e. V. und des Staatlichen Museums Oswięcim-Brzezinka, 60)

... Schreibe vielmehr den Henkern und Angebern und Verrätern und allen schlechten Menschen zugut und rechne ihnen an: all den Mut und die Seelenkraft der anderen... ihre hochgesinnte Würde... die Hoffnung, die sich nicht besiegt gab, und das tapfere Lächeln, das die Tränen versiegen ließ, und alle Liebe und alle Opfer... All das, o mein Gott, soll zählen vor dir für eine Vergebung der Schuld, als Lösegeld, zählen für eine Auferstehung der Gerechtigkeit – all das Gute soll zählen, und nicht das Böse. Und für die Erinnerung unserer Feinde sollen wir nicht mehr ihre Opfer sein, nicht mehr ihr Alpdruck und ihr Gespenasterschreck.«

Kann man nach Auschwitz den Namen Gottes nennen? Das Opfer in Auschwitz nennt seinen Namen. Der Beter gibt sich nicht auf. Er gibt niemanden auf, nicht einmal seine Henker. Ich will ja gar nicht sagen, daß man nach Auschwitz noch glauben kann. Ich sehe nur, daß das Opfer in Auschwitz es tut. Und dann frage ich mich, ob die Behauptung, man könne nach Auschwitz nicht mehr von Gott sprechen, nicht eine zu theoretische Behauptung ist, eine Behauptung am Schreibtisch. Wenn uns die Wunden der Welt noch mehr schmerzten, dann würden wir die Theorie vergessen, weil wir das Brot des Namens Gottes brauchen.
Wenn Ihr diesen Namen lernen wollt, dann schaut nicht zuerst auf die Kirchen und die Theologen, die in unermüdlicher Geschwätzigkeit diesen Namen erklären und die in der Geschichte des Christentums wie Huren mit diesem Namen fast jedermann zur Verfügung standen! Hört auf die Seufzer der kleinen Leute!
Vielleicht können wir, die es schwer haben, Gott zu nennen, eintreten in ihre Sprache und ihrer Leiden gedenken und damit unsere Leiden benennen. Mit diesen vom Leben Geplagten möchte ich sprechen: Gott wird die Tränen abwischen, die Hungrigen wird er satt machen, meine Schuld wird er mir vergeben, mein Leben ist in seiner Hand. Es gibt verschiedene Weisen, den Glauben und die Hoffnung zu lernen. Eine davon geht über die Sprache der anderen. Vielleicht brauchen wir gar nicht zuerst zu glauben. Wir könnten ja einmal probeweise in die Sprache der Seufzer eintreten, fast spielerisch wie in eine fremde Sprache. Und vielleicht wird diese Sprache dann zu unserer eigenen Heimat. Vielleicht!

Fulbert Steffensky, Wir haben keine Zeit mehr, Gott zu verschweigen

36 Gott ist kein Objekt des Denkens

Über Gott reden oder von Gott reden?

Versteht man unter »von Gott« reden »über Gott« reden, so hat solches Reden überhaupt keinen Sinn: denn in dem Moment, wo es geschieht, hat es seinen Gegenstand, Gott, verloren. Denn wo überhaupt der Gedanke »Gott« gedacht ist, besagt er, daß Gott der Allmächtige, d. h. die Alles bestimmende Wirklichkeit sei. Dieser Gedanke ist aber überhaupt nicht gedacht, wenn ich über Gott rede, d. h. wenn ich Gott als ein Objekt des Denkens ansehe, über das ich mich orientieren kann, wenn ich einen Standpunkt einnehme, von dem aus ich neutral zur Gottesfrage stehe, über Gottes Wirklichkeit und sein Wesen Erwägungen anstelle, die ich ablehnen oder wenn sie einleuchtend sind, akzeptieren kann. Wer durch Gründe bewogen wird, Gottes Wirklichkeit zu glauben, der kann sicher sein, daß er von der Wirklichkeit Gottes nichts erfaßt hat; und wer mit Gottesbeweisen etwas über Gottes Wirklichkeit auszusagen meint, disputiert über ein Phantom. Denn jedes »Reden über« setzt einen Standpunkt außerhalb dessen, wor über geredet wird, voraus. Einen Standpunkt außerhalb Gottes aber kann es nicht geben, und von Gott läßt sich deshalb auch nicht in allgemeinen Sätzen, allgemeinen Wahrheiten reden, die wahr sind ohne Beziehung auf die konkrete existentielle Situation des Redenden.
Man kann über Gott sinnvoll so wenig reden, wie man über Liebe reden kann. In der Tat, auch über Liebe kann man nicht reden, es sei denn, daß dies Reden über Liebe selber ein Akt des Liebens wäre.

Rudolf Bultmann, Welchen Sinn hat es, von Gott zu reden? (1925), Glauben und Verstehen I, Verlag J. C. B. Mohr (Paul Siebeck), Tübingen 1980[8], 26–37 (in Auszügen)

37 Gott und die Frage nach dem Sinn

Der Wunsch, ganz zu sein

Aber was ist eigentlich der Inhalt dieses religiösen Bedürfnisses? Wonach sehnen sich Menschen? Es ist der Wunsch, ganz zu sein, das Bedürfnis nach einem unzerstückten Leben. Das alte Wort der religiösen Sprache »Heil« drückt genau dieses Ganz-Sein, Unzerstückt-Sein, Nicht-kaputt-Sein aus. Daß die kaputten Typen – und wer rechnet sich nicht zuzeiten dazu? – den Wunsch haben, ganz zu sein, ist nur verständlich. Es ist zugleich der Wunsch nach einem Leben ohne Berechnung und ohne Angst, ohne äußere oder bereits verinnerlichte Erfolgskontrolle, ohne Absicherung. Vertrauen können, hoffen können, glauben können – alle diese Erfahrungen sind mit einem intensiven Glücksgefühl verbunden, und eben um dieses Glück des Ganz-Seins geht es in der Religion...

Ich halte diesen Wunsch, dieses religiöse Bedürfnis für unaufgebbar, auch wenn es schwer ist, darüber zu sprechen. Ernst Bloch nennt das, was ich meine, »etwas, das allen in die Kindheit scheint und worin noch niemand war: Heimat«. Die Sehnsucht nach Heimat ist die nicht-private Formulierung desselben Wunsches, ganz zu sein. Blochs Formulierung macht deutlich, wie nahe die Religion der Sentimentalität steht. Aber die Angst vor Sentimentalität ist kein Grund, die Sehnsucht nach Heimat zu verdrängen. Die Angst, nicht aufgeklärt zu erscheinen, ist kein Grund, sich selber in seinen Wünschen zu verstümmeln. Die Schwierigkeit liegt nur darin, daß Bloch wohl nicht recht hat darin, daß da »allen« etwas in die Kindheit scheine; offenbar gibt es Sozialisationsbedingungen, die diesen Schein so systematisch abblenden, daß die große Heimatsuche und Hoffnung, die wir Religion nennen, nicht in Gang kommt. Ich brauche wohl nicht zu betonen, daß ich das Fehlen dieses Scheins für eine Verstümmelung der Menschen halte, die sich in den Heranwachsenden und Erwachsenen bitter rächt: in der Unfähigkeit zu wünschen, in der Armut der Expression, in der zweckrationalen Verhaftung an eine Alltäglichkeit, die kein Transzendieren erlaubt.

Wir müssen die Voraussetzungen, die Menschen zu so etwas wie Glauben bringen können, etwas genauer klären und zunächst versuchen, die Religion zu verstehen als einen Akt der Kreativität, in dem Menschen das tun, was sie in aller Kultur tun: sich die Welt aneignen, die Natur humanisieren, das Schicksal als den fremden, feindlichen Gott überwinden. Das religiöse Bedürfnis ist das Bedürfnis, Sinn zu erfahren und Sinn zu stiften. Es gibt keine Existenz ohne die Suche nach Sinn. Gerade weil ich den Sinn und das Ganz-Sein nicht finde, sondern mich immer wieder am Sinnlosen, am Absurden, am Nicht-Deutbaren verletze, darum kann es mir nicht genügen, mich als ein Objekt zu verstehen, das in deterministische Ketten gelegt ist. Im religiösen Akt setzen Menschen den Sinn gegen die Sinnlosigkeit, das Ganz-Sein gegen die Zerstückelung, den Mut zu sein gegen die Angst...

Religiosität ist in diesem Verständnis zwar auch aus dem Mangel geboren, aber nur aus dem, der den eigentlichen Reichtum des Menschen ausmacht. Die nicht-religiöse Haltung schließt ein gewisses Maß an Resignation, an Einsicht in das Verwirklichbare, das heißt aber auch an Unterwerfung in die natürlichen Notwendigkeiten ein. Der Mensch ohne alle Religion ist leichter zufriedenzustellen. Er ist »vernünftiger«, weil er ein so großes Ziel – wie das Ganz-Sein, das nicht-zerstückte Leben – erst gar nicht ersehnt. Die Auffassung des Marxismus, daß die Religion mit der Abschaffung von materiellem Mangel, von Ausbeutung und Unterdrückung von selbst verschwinde, setzt nicht nur ein entfremdetes Verständnis von Religion voraus, sondern ist selbst eine entfremdete Verkürzung der Wirklichkeit des Menschen, die ihn verleugnet eben in seiner Fähigkeit zu träumen, sich auszudrücken und sich zu verwirklichen. Ein konsequent nicht-religiöses Denken rechtfertigt als vernünftig nur das, was auf Zwecke geht...

Das religiöse Bedürfnis ist das Bedürfnis nach erfahrenem Sinn, die Sehnsucht nach versprochener und sichtbar werdender Wahrheit. Religion ist der Versuch, nichts in der Welt als fremd, menschenfeindlich, schicksalhaft, sinnlos anzunehmen, sondern alles, was begegnet, zu verwandeln, es einzubeziehen in die eigene menschliche Welt. Alles soll so gedeutet werden, daß es »für uns« wird. Alles Starre soll biegsam, alles Zufällige notwendig, alles sinnlos Scheinende als wahr und gut geglaubt und gedacht werden. Religion ist der Versuch, keinen Nihilismus zu dulden und eine unendliche (endlich nicht widerlegbare) Bejahung des Lebens zu leben.

In Variation eines Satzes von Freud: »Wo Es war, soll Ich werden« läßt sich sagen: Wo die Fremde, der Zufall und das Nichts waren, soll Heimat, Identität und Gott sein. Das Wort »Gott« bedeutet dann nicht mehr eine in einer zwei-

Das neue Jerusalem, Relief aus dem Thoraschrein von Frank Meisler (1987), Synagoge im 1987 eingeweihten Jüdischen Gemeindezentrum in Mannheim *Foto: R. Häusser, Mannheim*

ten Welt beheimatete Übermacht, die von außen in unsere Welt eingriffe. Es bedeutet nicht mehr einen zweiten Raum, den Himmel, eine zweite Zeit, nach dem Tode, eine zweite Art von einem unsterblichen allmächtigen Wesen, das uns als Person gegenübersteht. Wohl aber benötigen wir das Wort »Gott«, um die noch nicht erreichte Totalität unserer Welt, die noch nicht erschienene Wahrheit unseres Lebens auszudrücken. In diesem Sinn läßt sich sagen, daß jeder Mensch die Frage, ob er an Gott oder an das Nichts, an den Sinn seines Lebens oder an die absolute Sinnlosigkeit glaubt, immer schon in seinem Leben entschieden hat...

Die christliche Antwort auf das unendliche Bedürfnis ist sozial, ist politisch. Der Sinn des Ganzen, die Aufhebung des Nihilismus, die Motivation für das Leben werden nicht im Eingehen des Individuums in das Ur-Eine gefunden, der Sinn ist nicht erfüllt im Eingehen der Seele in Gott, sondern der Sinn wird in die Interaktion gelegt. »Gott ist Liebe« ist die christliche Antwort auf die Frage nach dem Sinn, und dieser allgemeine Satz findet seine Konkretion in den geschichtlichen Erfahrungen der Befreiung. Glaube als Anteilhaben an dieser Sinndeutung ist ein unendliches Ja, das alle Formen des Lebendigen einschließt und Einheit unter ihnen stiftet. Je umfassender das Ja, desto größer die Nähe zu den Menschen; die Solidarität ist der menschlichste Ausdruck der Gottesliebe.

Natürlich läßt sich dieser Satz kritisieren. Man kann einwenden: Die Solidarität ist nicht irgendein Ausdruck von etwas anderem, sondern die Solidarität ist die Solidarität und nichts anderes. Aber der Hinweis auf die Liebe zu Gott soll nicht eine Begründung sein, sondern gerade die Abweisung aller Begründung. Die Solidarität wird, so verstanden, zu einem absoluten Wert, der unmittelbar auf unser unstillbares Verlangen nach Sinn und Wahrheit antwortet. Jesus ist als der Mensch für andere Sohn Gottes in genau dem Sinn, in dem wir auch Söhne und Töchter Gottes sind. Wir können unsere Sache nicht zweckrational relativieren. Der Kampf gegen das als schicksalhaft ausgegebene Unglück, das eine bestimmte Gruppe, Rasse oder Klasse trifft, ist die Fortsetzung des Kampfes Jesu; Wunder tun gegen die Beschädigungen, die wir vorfinden und die als fatal hingenommen werden, ist noch das mindeste. Wir werden Menschen sein, so ist uns versprochen – aber nur miteinander. Die Solidarität ist die christliche Antwort auf den Wunsch der Menschen, nicht zerstört, nicht maschinisiert, nicht in bloßen determinierten Wiederholungszwängen zu leben. Die Solidarität wäre zu klein verstanden, wo man versuchte, sie wissenschaftlich – etwa aus dem Gang der Geschichte – abzuleiten und sie somit denen zu versagen, die nicht auf der Siegerseite stehen. Der Ausdruck »Gottesliebe« weist auf den Wunsch des Menschen nach Sinn, auf sein Bedürfnis nach Totalität.

Das für unsere Kultur relevante Symbol der Einheit von Gottesliebe und Solidarität ist Christus. Leben wie Christus gelebt hat, »gesinnt sein wie er war« (Phil 2, 5) bedeutet die konsequente Weigerung, die Gottheit »Fatum«, die uns einredet, »so ist es eben, so war es immer«, an irgendwelchen Stellen des Lebens weiter anzubeten. Es bedeutet die Hinreise zur Entäußerung und Hingabe des Ich und die Rückreise mitten in diese Welt. Es bedeutet sterben lernen und auferstehen. Statt auferstehen können wir auch sagen: die Rückreise aus einer Art Tod in das Leben antreten.

Dorothee Sölle, Der Wunsch, ganz zu sein, in: dies., Die Hinreise, Kreuz Verlag, Stuttgart 1975, 167–185 (in Auszügen)

38 Der gekreuzigte Gott

These 20:

»Sondern der heißt mit Recht ein Theologe, der das, was von Gottes Wesen sichtbar und der Welt zugewandt ist, als in Leiden und im Kreuz dargestellt begreift. Das der Welt Zugewandte, Sichtbare am Wesen Gottes ist dem Unsichtbaren entgegengesetzt, seine Menschheit, Schwachheit, Torheit ... Denn da die Menschen die Erkenntnis Gottes auf Grund seiner Werke mißbrauchten, wollte wiederum Gott, daß er aus den Leiden erkannt werde, und wollte darum solche Weisheit des Unsichtbaren durch eine Weisheit des Sichtbaren verwerfen, auf daß so die, die Gott nicht verehrten, wie er in seinen Werken offenbar wird, ihn verehren sollen als den, der in den Leiden verborgen ist (1. Kor 1,21). So ist es für niemand genug und nütze, Gott in seiner Herrlichkeit und Majestät zu erkennen, wenn er ihn nicht zugleich in der Niedrigkeit und Schmach seines Kreuzes erkennt ... also in Christus dem Gekreuzigten ist die wahre Theologie und Gotteserkenntnis.« ...

Martin Luther, Aus der Heidelberger Disputation von 1518

Die Torheit des Kreuzes

Predigt über 1. Korinther 1,18–25

Wie stand es denn in Korinth, zu wem eigentlich spricht Paulus die Worte von der Torheit des Kreuzes?
Die Gemeinde in dieser Hafenstadt war völlig zerstritten. Nur das scheint den Parteien gemeinsam gewesen zu sein: Sie stritten sich buchstäblich um Gott und die Welt.
Offenbar sahen die intellektuellen Köpfe der korinthischen Gemeinde Gott fern von dieser dunklen Welt, so daß sein Bote nur vom Jenseits her strahlend und über die alltägliche Welt hinweg hereinbrechen konnte. Daß der Bote sich dem Tod als dem dunkelsten Rätsel des Lebens unterwürfe, ging nicht an. Gott am Kreuz war für sie ganz undenkbar.
So läßt sich unschwer schließen, daß eine nüchterne Sachlichkeit, die sich fromm auf die Welt einläßt, um sie zu ändern, nichts bei den Korinthern galt. Denn Gott – meinten sie – zeige sich triumphal und nehme aus Ängsten und Anfechtungen die Glaubenden zu sich hinauf in den Himmel (vgl. 1. Kor 1,20.22).
Dagegen streitet Paulus mit Leidenschaft. Dagegen beruft er sich auf das Kreuz Christi: Wenn Gott sich zeigt, dann nicht triumphal, sondern klein und unansehlich; gerade deshalb ist ihm die Welt nicht gleichgültig. Den Tod – Begleiter des Menschen von früh auf, obwohl oft aus den Gedanken verdrängt – macht Gott zu seiner Sache. Kämpfender Glaube, nicht eine Geheimlehre für Eingeweihte, das ist, was Paulus der Gemeinde in Korinth zu sagen hat. Wer dem niedrigen Gott glaubt, läßt sich auf die zwiespältige Wirklichkeit des Menschen ein und leidet mit an der Sinnlosigkeit und den Leiden anderer. Dieser Glaube ist sicher kein Höhepunkt, kein Rausch des Gefühls, eher ernste Arbeit und ein Leben voll Niederlagen.
Wenn eines für die Korinther stimmt, dann scheint es die Parole von der Sicherheit zu sein, auf die Menschen wohl zu allen Zeiten ansprechen. Die Korinther leben im Haben, sie bemächtigen sich mit besonderer Weisheit sogar Gottes. Zu billig wäre es, diesen Wunsch nach Sicherheit zu verdammen; Angst, die jeder von uns in sich trägt, läßt auch jeden nach Absicherungen suchen, bis der Glaube die Angst aussprechen und miteinander tragen hilft.
Was die Korinther bewegte – Sehnsucht nach einer heilen Welt, Bändigung der Angst, Suche nach Sicherheit – ist für viele Menschen in das Wort »Sinn« ausgewandert. Sie sagen, alle Menschen brauchen »Sinn«, um Krisen und Umbrüche des Lebens zu meistern, um Isolierung zu überwinden oder zu tragen. Sinnlos ist das Kreuz immer dann, wenn Menschen Gott als eine Macht ansehen, die alles sinnvoll macht.
Ja, wie verhält es sich nun wirklich? Doch so, daß sich die Menschen mit Sinnlosigkeit abkämpfen: da soll ein Mensch, dem Leistung als Wert anerzogen wurde, mit seinen Leistungen leben, aber er lebt höchstens halb; da will einer, der an unerbittlichen Normen der Leistung scheiter-

Lachender Engel von Reims, Westfassade des Mittelportals Notre-Dame de Reims (Foto: Bildarchiv Marburg)

te, von Leistungen anderer mitleben und sie doch verurteilen! Da wächst die Einsicht, daß der Dritten Welt Chancen zur Entwicklung eingeräumt werden sollen, aber deren Exporte in unsere Länder gefährden die Arbeitsplätze unserer Schwächsten, jener, die sich am wenigsten umstellen können.
Und wie schwer findet sich ein Sinn im persönlichen Leben! Wer könnte schon ohne Traurigkeit oder Zorn hören, Gott habe vom Ende aller Zeiten her jedem Ereignis seinen Sinn gegeben (das kann niemand wissen, nur wer sich an das Kreuz hält, darf es gegen die Sinnlosigkeit glauben). Eine Theologie, die alles weiß – wie steht sie vor den Alten, die in Pflegeheimen über Jahre hinwegdämmern, ein Schatten ihres eigenen Lebens, und den menschlichen Wracks? Der Hochmut der Theorie stößt sich heute mindestens ebenso am Kreuz wie einst. Am Kreuz heißt: Gott, von dem behauptet wird, er habe allem den Sinn gegeben, hat sich selbst unter die Sinnlosigkeit gebeugt.
Das Wort vom Kreuz macht das kleine Wort »Gott« wieder zur Provokation. Ein triumphaler Gott, der mit der Welt fertig ist und im Haben seiner Seligkeit schwebt, mag in den Drogen auf der Unteren Straße in Heidelberg oder in den Narkotika der »Anständigen«, dem Alkohol, oder im trivialen Geschwätz untergehen. Weltanschauungen werden nie verlegen sein, Ersatz anzubieten. Nur der Glaube, der angesichts des Sinnlosen in der Welt Gewißheit lernt, der weiß, daß Bosheit und Verzweiflung nicht das letzte Wort haben, der trotz des Scheiterns immer neu handelt und ändert, der nicht aufhört zu lieben, wenn Haß entgegenschlägt, der heiter ist, wenn Sinnlosigkeit zermürbt – dieser Glaube weiß: »Gott« läßt sich nicht ersetzen. Widerspruchsvoll, doppelbödig ist alle menschliche Wirklichkeit, aber so sehr sie auch durchforscht wird, aus sich heraus setzt sie keinen Sinn, der das alles trägt. Jeder Sinn, den Menschen produzieren, wird von den nachfolgenden Ereignissen überrollt; die stille und heitere Gelassenheit, die sich von woanders getragen weiß und zugreift, wo es nottut, braucht das alles nicht mitzumachen. Nicht das Wort »Gott« in unserer Sprache, sondern Gott selbst durch Jesus am Kreuz, im Sinnlosen, am Abgrund des Lebens, hält die Wirklichkeit offen. Das sagt der Kreuzestheologe, mehr noch und überzeugender sagt es das Leben eines jeden Christen.

Christofer Frey

39 Gott – mitten in unserem Leben jenseits

Glauben lernen

Die Religiösen sprechen von Gott, wenn menschliche Erkenntnis (manchmal schon aus Denkfaulheit) zu Ende ist oder wenn menschliche Kräfte versagen – es ist eigentlich immer der deus ex machina, den sie aufmarschieren lassen, entweder zur Scheinlösung unlösbarer Probleme oder als Kraft bei menschlichem Versagen, immer also in Ausnutzung menschlicher Schwäche bzw. an den menschlichen Grenzen; das hält zwangsläufig immer nur solange vor, bis die Menschen aus eigener Kraft die Grenzen etwas weiter hinausschieben und Gott als deus ex machina überflüssig wird...

Ich möchte von Gott nicht an den Grenzen, sondern in der Mitte, nicht in den Schwächen, sondern in der Kraft, nicht also bei Tod und Schuld, sondern im Leben und im Guten des Menschen sprechen. An den Grenzen scheint es mir besser, zu schweigen und das Unlösbare ungelöst zu lassen. Der Auferstehungsglaube ist nicht die »Lösung« des Todesproblems.

Das »Jenseits« Gottes ist nicht das Jenseits unseres Erkenntnisvermögens! Die erkenntnistheoretische Transzendenz hat mit der Transzendenz Gottes nichts zu tun. Gott ist mitten in unserem Leben jenseits. Die Kirche steht nicht dort, wo das menschliche Vermögen versagt, an den Grenzen, sondern mitten im Dorf.

(Brief vom 30. 4. 1944)

Wir können nicht redlich sein, ohne zu erkennen, daß wir in der Welt leben müssen – »etsi deus non daretur«. Und eben dies erkennen wir – vor Gott! Gott selbst zwingt uns zu dieser Erkenntnis. So führt uns unser Mündigwerden zu einer wahrhaftigeren Erkenntnis unserer Lage vor Gott. Gott gibt uns zu wissen, daß wir leben müssen als solche, die mit dem Leben ohne Gott fertig werden. Der Gott, der mit uns ist, ist der Gott, der uns verläßt (Markus 15,34)! Der Gott, der uns in der Welt leben läßt ohne die Arbeitshypothese Gott, ist der Gott, vor dem wir dauernd stehen. Vor und mit Gott leben wir ohne Gott. Gott läßt sich aus der Welt herausdrängen ans Kreuz, Gott ist ohnmächtig und schwach in der Welt, und gerade und nur so ist er bei uns und hilft uns. Es ist Matth. 8,17 ganz deutlich, daß Christus nicht hilft kraft seiner Allmacht, sondern kraft seiner Schwachheit, seines Leidens!

Hier liegt der entscheidende Unterschied zu allen Religionen. Die Religiosität des Menschen weist ihn in seiner Not an die Macht Gottes in der Welt, Gott ist der Deus ex machina. Die Bibel weist den Menschen an die Ohnmacht und das Leiden Gottes; nur der leidende Gott kann helfen. Insofern kann man sagen, daß die beschriebene Entwicklung zur Mündigkeit der Welt, durch die mit einer falschen Gottesvorstellung aufgeräumt wird, den Blick freimacht für den Gott der Bibel, der durch seine Ohnmacht in der Welt Macht und Raum gewinnt. Hier wird wohl die »weltliche Interpretation« einzusetzen haben.

(Brief vom 16.7. 1944)

Ich erinnere mich eines Gesprächs, das ich vor 13 Jahren in Amerika mit einem französischen jungen Pfarrer hatte. Wir hatten uns ganz einfach die Frage gestellt, was wir mit unserem Leben eigentlich wollten. Da sagte er: ich möchte ein Heiliger werden (– und ich halte für möglich, daß er es geworden ist –); das beeindruckte mich damals sehr. Trotzdem widersprach ich ihm und sagte ungefähr: ich möchte glauben lernen. Lange Zeit habe ich die Tiefe dieses Gegensatzes nicht verstanden. Ich dachte, ich könnte glauben lernen, indem ich selbst so etwas wie ein heiliges Leben zu führen versuchte.

Später erfuhr ich und ich erfahre es bis zur Stunde, daß man erst in der vollen Diesseitigkeit des Lebens glauben lernt. Wenn man völlig darauf verzichtet hat, aus sich selbst etwas zu machen – sei es einen Heiligen oder einen bekehrten Sünder oder einen Kirchenmann (eine sogenannte priesterliche Gestalt!), einen Gerechten oder einen Ungerechten, einen Kranken oder einen Gesunden – und dies nenne ich Diesseitigkeit, nämlich in der Fülle der Aufgaben, Fragen, Erfolge und Mißerfolge, Erfahrungen und Ratlosigkeiten leben –, dann wirft man sich Gott ganz in die Arme, dann nimmt man nicht mehr die eigenen Leiden, sondern die Leiden Gottes in der Welt ernst, dann wacht man mit Christus in Gethsemane, und ich denke, das ist Glaube, das ist μετάνοια; und so wird man ein Mensch, ein Christ. (Vgl. Jerem 45!) Wie sollte man bei Erfolgen übermütig oder an Mißerfolgen irre werden, wenn man im diesseitigen Leben Gottes Leiden mitleidet?

(Brief vom 21.7. 1944)

Dietrich Bonhoeffer, Widerstand und Ergebung, Chr. Kaiser Verlag, München 1985, 303–308, 391–394, 401–402 (in Auszügen)

Sabine Leibholz-Bonhoeffer: Mein Bruder Dietrich

Von Dietrich ein Bild seines Wesens zu geben fällt mir am schwersten... Ob die Zwillingschaft mit ihm etwas damit zu tun hat, vermag ich nicht zu sagen. Jedenfalls war die Verbundenheit mit meinen älteren Brüdern und meinen Schwestern anderer Art als die Zusammengehörigkeit mit meinem Zwillingsbruder Dietrich...

Bei aller Ausgelassenheit und Kraft war Dietrich ein sensibles Kind... Der Krieg 1914 war ausgebrochen, und wir hörten vom Tod der großen Vettern und der Väter der Klassenkameraden. Und so lagen wir abends nach dem Beten und Singen, zu dem sich unsere Mutter, wenn sie im Hause war, immer einfand – noch lange wach und versuchten, uns das Totsein und das ewige Leben vorzustellen. Wir bemühten uns, der Ewigkeit jeden Abend etwas näher zu kommen, indem wir uns vornahmen, nur an das Wort Ewigkeit zu denken und keinen anderen Gedanken einzulassen. Sie schien uns sehr lang und unheimlich. ...

Zu seinem siebzehnten Geburtstag schrieb ich ihm mit einem Pinsel in drei Farben die Verse von Tersteegen: »Ein Tag, der sagt's dem andern, mein Leben sei ein Wandern zur großen Ewigkeit. O Ewigkeit, du schöne, mein Herz an dich gewöhne, mein Heim ist nicht in dieser Zeit.« Dietrich hatte sich das von mir gewünscht, freute sich darüber und hängte es in seinem Zimmer auf.

Im Grunewald-Gymnasium war er gern und hatte ein gutes Verhältnis zu seinen Lehrern und Mitschülern, wenn er hier auch keinen besonderen Freund fand. Mit fünfzehn Jahren wurden wir zusammen eingesegnet. Damals war Dietrich schon entschlossen, Theologie zu studieren.

Dietrich liebte Feste. Diese Feste und Bälle bei uns erfreuten sich einer gewissen Berühmtheit; sie waren offenbar nie langweilig...

Meine nahe Verbundenheit mit Dietrich blieb auch bestehen, als sich unsere Wege äußerlich trennten, als Dietrichs Studienzeit und theologische Berufsausbildung begann und für mich nach meiner Verlobung und Heirat mein Mann und die Kinder in den Vordergrund rückten...

Sehr viel drängte sich in das Jahr 1931. Er war nun Privatdozent an der theologischen Fakultät der Berliner Universität und gleichzeitig Studentenpfarrer an der Technischen Hochschule, unterrichtete auch seine Konfirmandenklasse in der Zionskirche in demselben Jahr. Bei der Einsegnung von Dietrichs Konfirmanden begleitete ich meine Mutter. Wir waren sehr bewegt von dem Gottesdienst und von Dietrichs Predigt. Zum ersten Mal sah ich hier Dietrich im Talar...

In unsere geschwisterliche Zusammengehörigkeit bezog Dietrich meinen Mann ganz mit ein, und zwar in hohem Maße, besonders als Gert durch das Hitlerregime menschlich und beruflich Schwierigkeiten bekam. Dietrich stand sogleich entschieden zu ihm, wie Dietrich überhaupt der Meinung war, daß die Kirche sich für die Entrechteten und Ins-Schweigen-Gestoßenen einsetzen müsse. Es genügte ihm nicht, daß sie Frieden predigte und um ihre eigene Erhaltung bemüht war...

1937 sahen wir Dietrich noch bei meinen Eltern. Er lag mit einer häßlichen Grippe gerade zu Bett. Mein Mann, der bei ihm am Bett saß, unterhielt sich mit ihm, und Dietrich sagte plötzlich zu ihm: ›Du und ich, wir werden kein langes Leben haben.‹...

Dietrich war kein Heiliger. Aber Christus war ›sein Leben und darum auch sein Gewissen‹.

Sabine Leibholz-Bonhoeffer, Vergangen – erlebt – überwunden. Schicksale der Familie Bonhoeffer, Gütersloher Verlagshaus Gerd Mohn, Gütersloh 1985[5]

Dietrich Bonhoeffer (1908–1945), Chr. Kaiser Verlag, München

Immanente Transzendenz

Immanente Transzendenz zeigt den Ort und die Art der Erfahrung von Transzendenz an. Der Ausdruck soll besagen, daß es sich um eine Transzendenz handelt, die wir in der Immanenz, das heißt innerhalb unserer Welt erfahren. Fassen wir diesen Sachverhalt in eine präzise These, so können wir in Anlehnung an Rudolf Bultmann definieren: Immanente Transzendenz behauptet die paradoxe Identität des innerweltlichen Geschehens mit dem Handeln des jenseitigen Gottes in Raum und Zeit und hält auf diese Weise das Zugleich der Beziehung des Glaubens zu Gott und zur Welt fest.

Im Klartext gesprochen, heißt dies: Vor uns liegt die Wirklichkeit der Welt mit ihren der wissenschaftlichen Forschung und technischen Planung zugänglichen natürlichen Gegebenheiten und geschichtlichen Tatsachen; für unsere Augen und Ohren ist »öffentlich« daran nichts Göttliches wahrzunehmen. Der Glaubende aber erkennt in ihnen die verborgene Gegenwart Gottes, jedoch immer nur so, daß er sich selbst, seine eigene Existenz in der Welt, dadurch neu, als eine von Gott gegebene und bestimmte versteht.

Die Ersetzung des Denkschemas des Supranaturalismus durch den Begriff der »immanenten Transzendenz« wird sowohl der Offenbarung Gottes als auch der Vollendung der Aufklärung gerecht: der Offenbarung Gottes, insofern Gott selbst aus dem Himmel auszieht und in die Immanenz eingeht; der Vollendung der Aufklärung, insofern sich in ihr jener »Durchgang« Gottes vollzieht, welcher den »Tod Gottes« nicht als ein ihm von den Menschen bereitetes Ende, sondern als ein Moment der Gottheit selbst faßt und also mit seiner »Wandlung« rechnet. Diese Wandlung besteht darin, daß Gott seine Transzendenz nicht verliert, daß er aber als der Transzendente fortan nur noch in der Immanenz begegnet.

Statt von immanenter Transzendenz können wir auch von »Transparenz« sprechen. Immanenz heißt: Gott begegnet uns nicht in einer »Hinterwelt«, sondern allein in der Wirklichkeit dieser Welt. Transzendenz heißt: Gott ist nicht mit dieser Welt identisch, er ist nicht einfach nur ein Stück Weltwirklichkeit. Beides schließt sich zusammen im Begriff der Transparenz: Die Wirklichkeit des jenseitigen Gottes erscheint uns nur in der Wirklichkeit dieser Welt.

Was Transparenz heißt, machen die Gleichnisse Jesu deutlich. Jesu Gleichnisse sind keineswegs nur Nachhilfen für religiöse Klippschüler. Sie sind weit mehr: Sie bieten eine neue Deutung der Welt. Jesus malt seinen Zuhörern ganz gewöhnliche Vorgänge aus ihrer alltäglichen Umwelt vor Augen, aus dem Leben im Hause, aus der Welt des Berufes, aus dem Verkehr mit Behörden, aus der Natur und aus der Geschichte – Dinge und Vorgänge, die jedermann kennt und täglich erfährt. Aber er stellt sie so dar, daß sie durchsichtig werden und den Zuhörern an ihnen die Wirklichkeit Gottes aufgehen kann. Dabei darf man freilich nicht übersehen, daß Jesus es ist, der dies tut. Denn seine transparente Deutung der Wirklichkeit der Welt hängt eng mit seiner Vollmacht zusammen, mit seiner Zusage, daß der ferne Gott jetzt den Menschen nahegekommen sei.

Heinz Zahrnt, Gott kann nicht sterben, R. Piper & Co. Verlag, München 1970, 162f.

Ich glaube,
daß Gott aus allem, auch aus dem Bösesten,
Gutes entstehen lassen kann und will.
Dafür braucht er Menschen,
die sich alle Dinge zum Besten dienen lassen.

Ich glaube,
daß Gott uns in jeder Notlage
soviel Widerstandskraft geben will,
wie wir brauchen.
Aber er gibt sie nicht im voraus,
damit wir uns nicht auf uns selbst,
sondern allein auf ihn verlassen.
In solchem Glauben müßte alle Angst
vor der Zukunft überwunden sein.

Ich glaube,
daß auch unsere Fehler und Irrtümer
nicht vergeblich sind
und daß es Gott nicht schwerer ist,
mit ihnen fertig zu werden
als mit unseren vermeintlichen Guttaten.

Ich glaube,
daß Gott kein zeitloses Fatum ist,
sondern daß er auf aufrichtige Gebete
und verantwortliche Taten wartet und antwortet.

Dietrich Bonhoeffer, Widerstand und Ergebung,
Chr. Kaiser Verlag, München 1985, 21f.

40 Zeugnisse des Gottesglaubens

Von guten Mächten

Von guten Mächten treu und still umgeben,
behütet und getröstet wunderbar,
so will ich diese Tage mit euch leben
und mit euch gehen in ein neues Jahr.

Noch will das alte unsre Herzen quälen,
noch drückt uns böser Tage schwere Last,
ach, Herr, gib unsern aufgescheuchten Seelen
das Heil, für das Du uns bereitet hast.

Und reichst Du uns den schweren Kelch, den bittern
des Leids, gefüllt bis an den höchsten Rand,
so nehmen wir ihn dankbar ohne Zittern
aus Deiner guten und geliebten Hand.

Doch willst Du uns noch einmal Freude schenken
an dieser Welt und ihrer Sonne Glanz,
dann wolln wir des Vergangenen gedenken,
und dann gehört Dir unser Leben ganz.

Laß warm und still die Kerzen heute flammen,
die Du in unsre Dunkelheit gebracht,
führ, wenn es sein kann, wieder uns zusammen.
Wir wissen es, Dein Licht scheint in der Nacht.

Wenn sich die Stille nun tief um uns breitet,
so laß uns hören jenen vollen Klang
der Welt, die unsichtbar sich um uns weitet,
all Deiner Kinder hohen Lobgesang.

Von guten Mächten wunderbar geborgen,
erwarten wir getrost, was kommen mag.
Gott ist mit uns am Abend und am Morgen
und ganz gewiß an jedem neuen Tag.

Silvester 1944

Dietrich Bonhoeffer, Widerstand und Ergebung,
Chr. Kaiser Verlag, München 1985, 435 f.

Der Schatz

Den Jünglingen, die zum erstenmal zu ihm kamen, pflegte Rabbi Bunam die Geschichte von Rabbi Eisik, Sohn Rabbi Jekels in Krakau, zu erzählen. Dem war nach Jahren schwerer Not, die sein Gottvertrauen nicht erschüttert haben, im Traum befohlen worden, in der Stadt Prag an der Brücke, die zum Königsschloß führt, nach einem Schatz zu suchen. Als der Traum zum drittenmal wiederkehrte, machte sich Rabbi Eisik auf und wanderte nach Prag. Aber an der Brücke standen Tag und Nacht Wachtposten, und er getraute sich nicht zu graben. Doch kam er an jedem Morgen zur Brücke und umkreiste sie bis zum Abend. Endlich fragte ihn der Hauptmann der Wache, auf sein Treiben aufmerksam geworden, freundlich, ob er hier etwas suche oder auf jemand warte. Rabbi Eisik erzählte, welcher Traum ihn aus fernem Land hergeführt habe. Der Hauptmann lachte: »Und da bist du armer Kerl mit deinen zerfetzten Sohlen einem Traum zu Gefallen hergepilgert! Ja, wer den Träumen traut! Da hätte ich mich ja auch auf die Beine machen müssen, als es mir einmal im Traum befahl, nach Krakau zu wandern und in der Stube eines Juden, Eisik, Sohn Jekels sollte er heißen, unterm Ofen nach einem Schatz zu graben. Eisik, Sohn Jekels! Ich kann's mir vorstellen, wie ich drüben, wo die eine Hälfte der Juden Eisik und die andre Jekel heißt, alle Häuser aufreiße!« Und er lachte wieder; Rabbi Eisik verneigte sich, wanderte heim, grub den Schatz aus und baute das Bethaus, das Reb Eisik Reb Jekels Schul heißt...

Martin Buber, Die Erzählungen der Chassidim, Manesse Verlag, Zürich 1949, hier: 1984[9], 740f.